에듀윌과 함께 시작하면,
당신도 합격할 수 있습니다!

오랜 직장 생활을 마감하며 찾아온 앞날에 대한 막연한 두려움
에듀윌만 믿고 공부해 합격의 길에 올라선 50대 은퇴자

출산한지 얼마 안돼 독박 육아를 하며 시작한 도전!
새벽 2~3시까지 공부해 8개월 만에 동차 합격한 아기엄마

만년 가구기사 보조로 5년 넘게 일하다, 달리는 차 안에서도
포기하지 않고 공부해 이제는 새로운 일을 찾게 된 합격생

누구나 합격할 수 있습니다.
시작하겠다는 '다짐' 하나면 충분합니다.

마지막 페이지를 덮으면,

**에듀윌과 함께
공인중개사 합격이 시작됩니다.**

공인중개사 1위

14년간 베스트셀러 1위
에듀윌 공인중개사 교재

탄탄한 이론 학습! 기초입문서/기본서/핵심요약집

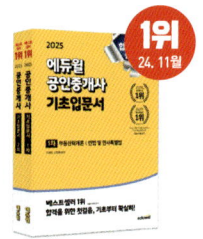
기초입문서(2종)

기본서(6종)

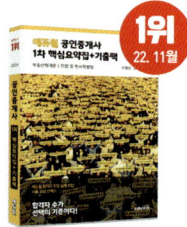
1차 핵심요약집+기출팩(1종)

출제경향 파악, 실전 엿보기! 단원별/회차별 기출문제집

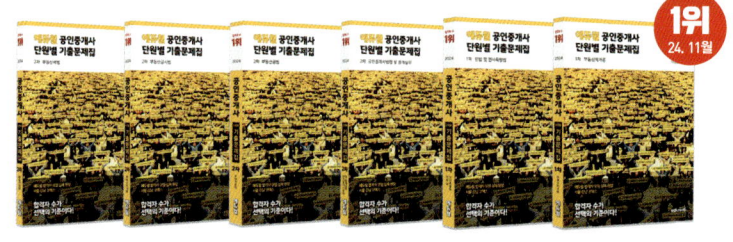
단원별 기출문제집(6종)

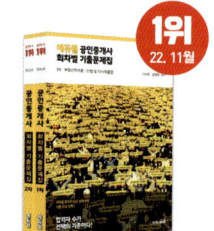
회차별 기출문제집(2종)

다양한 문제로 합격점수 완성! 기출응용 예상문제집/실전모의고사

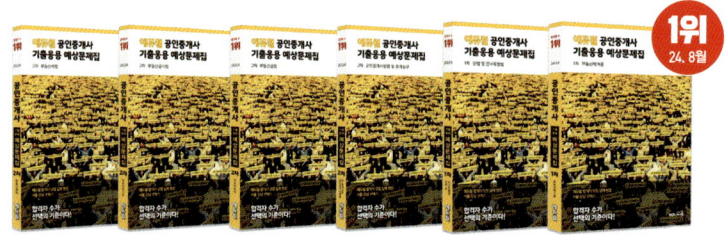
기출응용 예상문제집(6종)

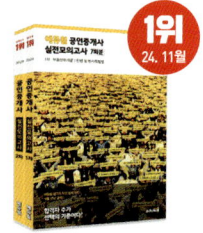
실전모의고사(2종)

* 2023 대한민국 브랜드만족도 공인중개사 교육 1위 (한경비즈니스)
* YES24 수험서 자격증 공인중개사 베스트셀러 1위 (2011년 12월, 2012년 1월, 12월, 2013년 1월~5월, 8월~12월, 2014년 1월~5월, 7월~8월, 12월, 2015년 2월~4월, 2016년 2월, 4월, 6월, 12월, 2017년 1월~12월, 2018년 1월~12월, 2019년 1월~12월, 2020년 1월~12월, 2021년 1월~12월, 2022년 1월~12월, 2023년 1월~12월, 2024년 1월~11월 월별 베스트, 매월 1위 교재는 다름)
* YES24 국내도서 해당분야 월별, 주별 베스트 기준

에듀윌 공인중개사

합격을 위한 비법 대공개! 합격서

이영방 합격서
부동산학개론

심정욱 합격서
민법 및 민사특별법

임선정 합격서
공인중개사법령 및 중개실무

김민석 합격서
부동산공시법

한영규 합격서
부동산세법

오시훈 합격서
부동산공법

신대운 합격서
쉬운민법

취약점 보완에 최적화! 저자별 부교재

임선정 그림 암기법
공인중개사법령 및 중개실무

오시훈 키워드 암기장
부동산공법

심정욱 합격패스 암기노트
민법 및 민사특별법

심정욱 핵심체크 OX
민법 및 민사특별법

시험 전, 이론&문제 한 권으로 완벽 정리! 필살키

이영방 필살키   심정욱 필살키   임선정 필살키   오시훈 필살키   김민석 필살키   한영규 필살키   신대운 필살키

더 많은
공인중개사 교재
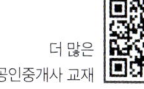

* 해당 교재의 이미지는 변경될 수 있습니다.

eduwill

공인중개사 1위

공인중개사, 에듀윌을 **선택해야 하는 이유**

8년간 아무도 깨지 못한 기록
합격자 수 1위

합격을 위한 최강 라인업
1타 교수진

공인중개사

합격만 해도 연 최대 300만원 지급
에듀윌 앰배서더

업계 최대 규모의 전국구 네트워크
동문회

* 2023 대한민국 브랜드만족도 공인중개사 교육 1위 (한경비즈니스)
* KRI 한국기록원 2016, 2017, 2019년 공인중개사 최다 합격자 배출 공식 인증 (2024년 현재까지 업계 최고 기록)   * 에듀윌 공인중개사 과목별 온라인 주간반 강사별 수강점유율 기준 (2024년 11월)
* 앰배서더 가입은 에듀윌 공인중개사 수강 후 공인중개사 최종 합격자이면서, 에듀윌 공인중개사 동문회 정회원만 가능합니다. (상세 내용 홈페이지 유의사항 확인 필수)
* 에듀윌 공인중개사 동문회 정회원 가입 시, 가입 비용이 발생할 수 있습니다.   * 앰배서더 서비스는 당사 사정 또는 금융당국의 지도 및 권고에 의해 사전 고지 없이 조기종료될 수 있습니다.

에듀윌 공인중개사

1위 에듀윌만의
체계적인 합격 커리큘럼

합격자 수가 선택의 기준, 완벽한 합격 노하우
온라인 강의

① 전 과목 최신 교재 제공
② 업계 최강 교수진의 전 강의 수강 가능
③ 합격에 최적화 된 1:1 맞춤 학습 서비스

최고의 학습 환경과 빈틈 없는 학습 관리
직영학원

① 현장 강의와 온라인 강의를 한번에
② 합격할 때까지 온라인 강의 평생 무제한 수강
③ 강의실, 자습실 등 프리미엄 호텔급 학원 시설

쉽고 빠른 합격의 로드맵 **기초용어집 무료** 신청

설명회 참석 당일 등록 시 **특별 수강 할인권** 제공

친구 추천 이벤트

" **친구 추천**하고 한 달 만에
920만원 받았어요 "

친구 1명 추천할 때마다 현금 10만원 제공
추천 참여 횟수 무제한 반복 가능

※ *a*o*h**** 회원의 2021년 2월 실제 리워드 금액 기준
※ 해당 이벤트는 예고 없이 변경되거나 종료될 수 있습니다.

친구 추천 이벤트
바로가기

자세한 내용이 궁금하다면 1600-6700
* 2023 대한민국 브랜드만족도 공인중개사 교육 1위 (한경비즈니스)

공인중개사 1위

합격자 수 1위 에듀윌
7만 건이 넘는 후기

고○희 합격생

부알못, 육아맘도 딱 1년 만에 합격했어요.

저는 부동산에 관심이 전혀 없는 '부알못'이었는데, 부동산에 관심이 많은 남편의 권유로 공부를 시작했습니다. 남편 지인들이 에듀윌을 통해 많이 합격했고, '합격자 수 1위'라는 광고가 좋아 에듀윌을 선택하게 되었습니다. 교수님들이 커리큘럼대로만 하면 된다고 해서 믿고 따라갔는데 정말 반복 학습이 되더라고요. 아이 둘을 키우다 보니 낮에는 시간을 낼 수 없어서 밤에만 공부하는 게 쉽지 않아 포기하고 싶을 때도 있었지만 '에듀윌 지식인'을 통해 합격하신 선배님들과 함께 공부하는 동기들의 위로가 큰 힘이 되었습니다.

이○용 합격생

군복무 중에 에듀윌 커리큘럼만 믿고 공부해 합격

에듀윌이 합격자가 많기도 하고, 교수님이 많아 제가 원하는 강의를 고를 수 있는 점이 좋았습니다. 또, 커리큘럼이 잘 짜여 있어서 잘 따라만 가면 공부를 잘 할 수 있을 것 같아 에듀윌을 선택했습니다. 에듀윌의 커리큘럼대로 꾸준히 따라갔던 게 저만의 합격 비결인 것 같습니다.

안○원 합격생

5개월 만에 동차 합격, 낸 돈 그대로 돌려받았죠!

저는 야쿠르트 프레시매니저를 하다 60세에 도전하여 합격했습니다. 심화 과정부터 시작하다 보니 기본이 부족했는데, 교수님들이 하라는 대로 기본 과정과 책을 더 보면서 정리하며 따라갔던 게 주효했던 것 같습니다. 합격 후 100만 원 가까이 되는 큰 돈을 환급받아 남편이 주택관리사 공부를 한다고 해서 뒷받침해 줄 생각입니다. 저는 소공(소속 공인중개사)으로 활동을 하고 싶은 포부가 있어 최대 규모의 에듀윌 동문회 활동도 기대가 됩니다.

더 많은 합격 비법

다음 합격의 주인공은 당신입니다!

* 에듀윌 홈페이지 게시 건수 기준 (2024년 11월 기준)
* 2023 대한민국 브랜드만족도 공인중개사 교육 1위 (한경비즈니스)

에듀윌이 너를 지지할게

ENERGY

시작하는 방법은
말을 멈추고
즉시 행동하는 것이다.

– 월트 디즈니(Walt Disney)

➕ **합격할 때까지 책임지는 개정법령 원스톱 서비스!**

법령 개정이 잦은 공인중개사 시험. 일일이 찾아보지 마세요!
에듀윌에서는 필요한 개정법령만을 빠르게! 한번에! 제공해 드립니다.

| 에듀윌 도서몰 접속 (book.eduwill.net) | ▶ | 우측 정오표 아이콘 클릭 | ▶ | 카테고리 공인중개사 설정 후 교재 검색 |

개정법령
확인하기

2025
에듀윌 공인중개사

심정욱 핵심체크 OX

민법 및 민사특별법

이 책의 구성

1 7일이면 끝나는 단기학습! DAY별 구성

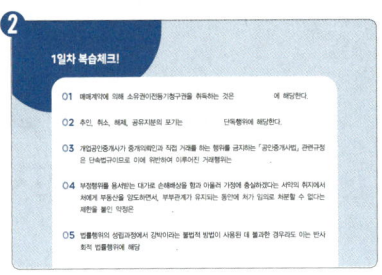

❶ DAY별 구성으로
   더욱 쉬워진
   단기학습 & 수시복습

❷ 빈칸을 채우며
   DAY학습 마무리

❸ 학습플래너를 활용하여
   반복학습

2 바로바로 보는 700개의 OX 핵심지문

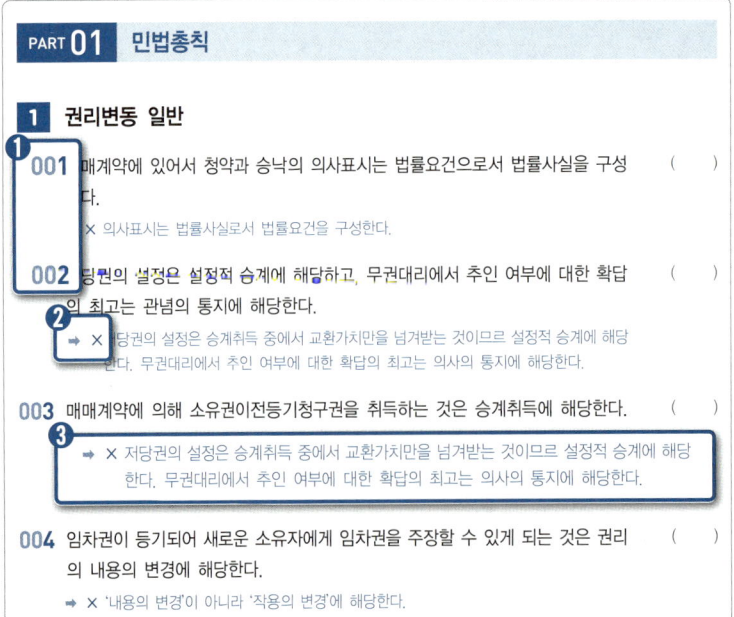

❶ 시험에 반드시 나오는
   700개의 핵심지문

❷ 바로바로 확인할 수 있는
   OX 정답

❸ 상세한 해설로 이해는
   더 쉽게!

10회독 반복학습플래너

단원	PART 01 민법총칙		PART 02 물권법		PART 03 계약법		PART 04 민사특별법
구분	1일차	2일차	3일차	4일차	5일차	6일차	7일차
1회독 날짜							
회독체크	☐	☐	☐	☐	☐	☐	☐
2회독 날짜							
회독체크	☐	☐	☐	☐	☐	☐	☐
3회독 날짜							
회독체크	☐	☐	☐	☐	☐	☐	☐
4회독 날짜							
회독체크	☐	☐	☐	☐	☐	☐	☐
5회독 날짜							
회독체크	☐	☐	☐	☐	☐	☐	☐
6회독 날짜							
회독체크	☐	☐	☐	☐	☐	☐	☐
7회독 날짜							
회독체크	☐	☐	☐	☐	☐	☐	☐
8회독 날짜							
회독체크	☐	☐	☐	☐	☐	☐	☐
9회독 날짜							
회독체크	☐	☐	☐	☐	☐	☐	☐
10회독 날짜							
회독체크	☐	☐	☐	☐	☐	☐	☐

※ 회독학습 TIP
- 1~5회독은 이론학습과 함께 천천히 학습하세요.
- 6~8회독은 문제풀이학습과 함께 오답이 많았던 파트를 집중하여 학습하세요.
- 9~10회독은 시험 전 오답풀이학습과 함께 속독하며 마무리 점검하세요.

머리말

반복이 기적을 만든다!

최근 〈합격서〉 출간 후 많은 분들로부터 방대한 민법을 너무 잘 정리해 주어 감사하다는 말을 많이 들었습니다. 정말 보람 있는 일이 아닐 수 없습니다. 그런데 강의를 들을 때는 이해한 것 같은데, 막상 문제를 풀어 보면 자꾸 틀리죠? 분명 알았다고 생각했는데 틀리고 해설을 보면 또 아차 싶고 멘탈이 나가는 일이 한두 번이 아닐 것입니다. 그래서 어떻게 하면 배운 내용을 객관식 지식으로 만들 수 있는지 고심 끝에 출간한 책이 〈핵심체크 OX〉입니다.

모든 시험에서 합격의 비결은 의외로 간단합니다. 내용을 이해하고, 이해한 내용을 정리하고, 정리한 것을 반복하는 것입니다. 제 강의를 통해 민법의 뼈대와 내용을 이해하셨고, 〈합격서〉를 통해 핵심내용이 정리되었다면 이제 〈핵심체크 OX〉로 배운 내용을 반복하시길 바랍니다. 〈핵심체크 OX〉는 시험에 자주 나오는 판례들을 모두 OX문제 형태로 정리했습니다. 각 지문마다 정확히 해설을 달아두었으니 틀린 지문이 없을 때까지 반복하시기 바랍니다.

무엇을 외워야 할지 고민하시는 분들, 시간이 없어서 막막하신 분들, 틀린 문제를 또 틀려서 속상하신 분들! 모두 〈핵심체크 OX〉를 매일매일 들고 다니시면서 시간 날 때마다 풀고 또 푸시기 바랍니다.

총 7일차 구성으로 매일, 매주 학습하다보면 학습시간도 점점 짧아질 것입니다.

수험생들의 합격을 응원합니다. 반복이 기적을 만들고 포기하지 않는 자가 결국 합격합니다.

저자 심정욱

올해는 합격해! 모두다 합격해! 동차로 합격해!
"민법을 재밌게! 합격을 빠르게!

차례

1일차

PART 01 민법총칙

1 권리변동 일반	10
2 법률행위의 종류	11
3 법률행위의 요건과 목적	12
4 단속법규와 효력법규	12
5 반사회적 법률행위	13
6 불공정한 법률행위	16
7 의사표시의 효력발생	17
8 비진의표시	18
9 통정허위의 표시	19
10 제108조 제2항의 제3자	21
11 착오에 의한 의사표시	22
12 착오와 다른 제도와의 관계	24
13 사기·강박에 의한 의사표시	24

1일차 복습체크!

2일차

14 대리권 관계	30
15 대리행위관계	32
16 복대리	33
17 무권대리	34
18 표현대리	36
19 법률행위의 무효	38
20 토지거래허가구역 내의 토지거래계약	39
21 법률행위의 취소	41
22 조건과 기한	42

2일차 복습체크!

PART 02 물권법

1 물권법 일반	48
2 물권적 청구권	49
3 등기청구권	50
4 청구권보전의 가등기	51
5 등기의 추정력	52
6 중간생략등기	53
7 부동산물권변동	54
8 물권의 소멸	56
9 점유의 종류	56
10 점유의 추정	57
11 점유자와 회복자의 관계	58
12 점유보호청구권	60
13 소유권 일반	62
14 소유권에 기한 물권적 청구권	63
15 상린관계와 주위토지통행권	64

3일차 복습체크!

4일차

16 취득시효의 객체와 기산점	68
17 취득시효완성 후의 법률관계	69
18 등기부취득시효	71
19 공유의 법률관계	71
20 지상권	73
21 분묘기지권	75

4일차

22	관습법상의 법정지상권	76
23	지역권	77
24	전세권	78
25	유치권	81
26	저당권의 성립과 효력범위	84

27	제366조의 법정지상권	86
28	일괄경매청구권	88
29	제3취득자	88
30	공동저당	89
31	근저당	89

4일차 복습체크!

5일차

PART 03 계약법

1	계약의 종류	94
2	계약의 성립	94
3	계약체결상의 과실책임	96
4	동시이행의 항변권	97
5	동시이행관계	98
6	위험부담	99
7	제3자를 위한 계약	100

8	해제권의 발생원인	102
9	해제권의 행사	104
10	해제의 효과	104
11	계약해제의 소급효로부터 보호되는 제3자	106
12	매매의 예약	107
13	해약금에 의한 계약해제	108

5일차 복습체크!

6일차

14	매매 일반	112
15	매도인의 담보책임	113
16	환매	117
17	교환	118
18	임대차 일반	119
19	임대차의 효력	120

20	임차인의 비용상환청구권	121
21	건물임차인의 부속물매수청구권	122
22	토지임차인의 갱신청구권과 지상물매수청구권	123
23	임차인의 의무	124
24	임차권의 양도와 전대	125

6일차 복습체크!

7일차

PART 04 민사특별법

1	주택임대차보호법	128
2	상가건물 임대차보호법	132
3	집합건물의 소유 및 관리에 관한 법률	134

| 4 | 가등기담보 등에 관한 법률 | 137 |
| 5 | 부동산 실권리자명의 등기에 관한 법률 | 138 |

7일차 복습체크!

핵심체크 1일차

PART 01 민법총칙

1 권리변동 일반 ~ 13 사기·강박에 의한 의사표시

✔ 핵심체크 1일차

PART 01 민법총칙

1 권리변동 일반

001 매매계약에 있어서 청약과 승낙의 의사표시는 법률요건으로서 법률사실을 구성 ( )
한다.
➡ ✕ 의사표시는 법률사실로서 법률요건을 구성한다.

002 저당권의 설정은 설정적 승계에 해당하고, 무권대리에서 추인 여부에 대한 확답 ( )
의 최고는 관념의 통지에 해당한다.
➡ ✕ 저당권의 설정은 승계취득 중에서 교환가치만을 넘겨받는 것이므로 설정적 승계에 해당한다. 무권대리에서 추인 여부에 대한 확답의 최고는 의사의 통지에 해당한다.

003 매매계약에 의해 소유권이전등기청구권을 취득하는 것은 승계취득에 해당한다. ( )
➡ ✕ 매매계약에 의해 소유권이전등기청구권을 취득하는 것은 종전에 없던 권리가 처음 생기는 경우이므로 원시취득에 해당한다. 매매로 인한 소유권취득은 승계취득이지만 매매로 인한 채권취득은 원시취득에 해당한다.

004 임차권이 등기되어 새로운 소유자에게 임차권을 주장할 수 있게 되는 것은 권리 ( )
의 내용의 변경에 해당한다.
➡ ✕ '내용의 변경'이 아니라 '작용의 변경'에 해당한다.

005 무권대리행위의 추인 여부에 관한 상대방의 최고는 의사의 통지에 해당하고, 본 ( )
인이 확답을 발하지 아니한 경우 추인거절의 효과가 생기는 것은 당사자의 의사
에 근거한 것이다.
➡ ✕ 최고는 의사의 통지에 해당하고, 본인이 확답을 하지 않았을 때 추인거절의 효과가 생기는 것은 '당사자의 의사'가 아니라 '법률규정'에 근거한 것이다.

2 법률행위의 종류

006 유증과 재단법인설립행위는 상대방 없는 단독행위에 해당한다. ( )

➡ O 상대방 없는 단독행위: 유언(유증), 재단법인설립행위, 소유권과 점유권의 포기

007 추인, 취소, 해제, 공유지분의 포기는 상대방 있는 단독행위에 해당한다. ( )

➡ O 상대방 있는 단독행위: 동의, 철회, 상계, 추인, 취소, 해제, 해지, 채권의 포기(채무면제), 제한물권의 포기, 공유지분의 포기, 취득시효이익의 포기, 수권행위

008 해제·계약해제·법정해제는 단독행위에 해당하고, 약정해제·해제계약·합의해제는 계약에 해당한다. ( )

➡ X 해제·계약해제·약정해제·법정해제는 단독행위이고, 해제계약·합의해제는 계약이다.

009 공유지분의 포기, 취득시효 이익의 포기 및 사단법인설립행위는 상대방 있는 단독행위에 해당한다. ( )

➡ X 공유지분의 포기와 취득시효 이익의 포기는 상대방 있는 단독행위에 해당하고, 사단법인설립행위는 합동행위에 해당한다.

010 재매매예약과 채권양도는 의무부담행위에 해당한다. ( )

➡ X 재매매예약은 채권행위로서 의무부담행위에 해당하지만, 채권양도는 준물권행위로서 처분행위에 해당한다.

011 채권양도와 채무면제는 준물권행위에 해당한다. ( )

➡ O 준물권행위: 채권양도, 채무면제, 지식재산권의 양도

012 법인설립행위와 등기청구는 요식행위이다. ( )

➡ X 등기청구는 불요식행위이고 등기신청이 요식행위이다. 그리고 법인설립행위는 설립등기가 필요한 요식행위이다.

3 법률행위의 요건과 목적

013 대리에 있어서의 대리권의 존재, 조건부법률행위에 있어서의 조건의 성취, 유언 ( )
에 있어서의 일정한 방식, 토지거래허가구역 내의 토지거래계약에 있어서의 관할
관청의 허가는 법률행위의 효력요건이다.
➡ ✕ 유언에 있어서의 일정한 방식은 성립요건이고 유언자의 사망이 효력요건이다.

014 「농지법」상 농지취득자격증명은 농지취득의 원인이 되는 법률행위의 효력발생요건 ( )
이므로 농지에 관한 소유권이전등기청구소송에서 농지취득자격증명이 없는 경우
에는 그 청구를 거부할 수 있다.
➡ ✕ 「농지법」상 농지취득자격증명은 농지취득의 원인이 되는 법률행위의 효력발생요건이 아
닙니다. 따라서 농지에 관한 소유권이전등기청구소송에서 농지취득자격증명이 없다는 이
유로 그 청구를 거부할 수 없다.

015 법률행위의 목적의 실현가능성은 이행기를 기준으로 판단한다. ( )
➡ ✕ 가능성은 법률행위 성립 당시를 기준으로 판단한다.

016 원시적 불능을 목적으로 한 법률행위와 당사자의 책임 있는 사유로 후발적 불능 ( )
이 된 법률행위는 무효이다.
➡ ✕ 원시적 불능을 목적으로 한 법률행위는 무효이다. 그러나 후발적으로 불능이 된 법률행
위는 불능원인에 대해 당사자에게 귀책사유가 있든 없든 항상 유효하다.

4 단속법규와 효력법규

017 「식품위생법」상의 허가나 신고 없이 일반인에게 음식물을 판매한 행위는 무효이 ( )
므로 음식점 주인은 음식물 판매대금의 지급을 청구할 수 없다.
➡ ✕ 「식품위생법」상의 허가나 신고규정은 단속법규이다. 따라서 이에 위반한 음식물 판매행
위는 사법상으로 유효하므로 음식점 주인은 음식물 판매대금의 지급을 청구할 수 있다.

018 「부동산등기 특별조치법」에서 미등기전매행위를 형사처벌하고 있으므로 이에 위반 ( )
하여 부동산을 순차매도한 당사자 사이의 중간생략등기의 합의는 무효이다.
➡ ✕ 「부동산등기 특별조치법」상 미등기전매행위 금지규정은 단속법규이므로 이에 위반하여
이루어진 중간생략등기의 합의는 유효하다.

019 「주택법」의 전매행위 제한을 위반하여 이루어진 전매약정은 무효이다. ( )
➡ ✕ 「주택법」상의 전매금지규정은 단속법규에 해당하므로 이에 위반한 전매약정은 유효하다.

020 개업공인중개사가 중개의뢰인과 직접 거래하는 행위를 「공인중개사법」에서 금지 ( )
하고 있으므로 이에 위반하여 이루어진 거래행위는 무효이다.

→ ✕ 개업공인중개사가 중개의뢰인과 직접 거래를 하는 행위를 금지하는 「공인중개사법」 관련규정은 단속법규이므로 이에 위반하여 이루어진 거래행위는 유효하다.

021 공인중개사 자격증을 대여하고 일정 대가를 지급받기로 한 계약은 자격증 취소사유 ( )
에 해당할 뿐 사법상의 행위의 효력은 유효하다.

→ ✕ 공인중개사 자격증대여 금지규정은 효력법규에 해당하므로 이에 위반한 경우 자격증이 취소될 뿐만 아니라 사법상 행위의 효력도 무효가 된다.

022 투기를 방지하기 위하여 중간생략등기를 금지하는 「부동산 거래신고 등에 관한 ( )
법률」상의 토지거래허가규정은 단속법규에 해당한다.

→ ✕ 중간생략등기를 금지하는 「부동산등기 특별조치법」은 단속법규에 해당하나, 「부동산 거래신고 등에 관한 법률」상의 토지거래허가규정은 효력법규에 해당한다.

023 증권회사 또는 그 임·직원의 부당권유행위를 금지하는 「자본시장과 금융투자업 ( )
에 관한 법률」 관련규정에 위반한 투자수익보장약정은 유효하다.

→ ✕ 증권회사 또는 그 임·직원의 부당권유행위를 금지하는 「자본시장과 금융투자업에 관한 법률」 관련규정은 효력법규에 해당하므로 이에 위반한 투자수익보장약정은 무효이다.

024 「민간임대주택에 관한 특별법」에 위반하여 임대의무기간 경과 전에 임대주택을 ( )
매각하더라도 사법상 행위의 효력은 유효하다.

→ ✕ 임대의무기간 경과 전에 임대주택의 매각을 금지하는 규정은 효력법규이므로 이에 위반하여 이루어진 매매계약은 무효이다.

025 「공인중개사법」상 개업공인중개사가 법령에 규정된 중개보수 등을 초과하여 금품 ( )
을 받는 행위를 금지하는 규정은 단속법규에 해당한다.

→ ✕ '단속법규'가 아니라 '효력법규'에 해당한다.

5 반사회적 법률행위

026 반사회적 법률행위에 해당하는지 여부는 해당 법률행위가 이루어진 때를 기준으로 ( )
판단하여야 한다.

→ ○ 법률행위의 내용이 사회질서에 반하여야 하고(객관적 요건), 법률행위를 할 당시에 사회질서에 반한다는 사정을 인식하여야 한다(주관적 요건). 그리고 반사회적 법률행위에 해당하는지 여부는 법률행위 성립 당시를 기준으로 판단하여야 한다.

027 수사기관에서 참고인으로서 자신이 잘 알지 못하는 내용에 대한 허위진술을 하고 ( )
대가를 제공받기로 하는 약정은 무효이다.

➡ O 이 행위 자체는 국가사회의 일반적인 도덕관념이나 공공질서이익에 반하는 것이므로 무효이다.

028 변호사가 민사소송의 승소 대가로 성공보수를 받기로 한 약정은 사회질서에 반하 ( )
므로 무효이다.

➡ X 형사사건에 관하여 체결된 성공보수약정은 반사회적 법률행위이므로 무효이다. 그러나 민사사건에 관하여 체결된 성공보수약정은 반사회적 법률행위에 해당하지 않고 유효하다.

029 소송에서 사실대로 증언하여 줄 것을 조건으로 어떠한 급부하기로 하는 약정은, ( )
그 급부가 통상적으로 용인될 수 있는 여비, 일실손해 등을 초과하더라도 유효하다.

➡ X 통상적으로 용인될 수 있는 수준을 초과하는 경우 그 초과부분은 무효이다.

030 부첩관계의 종료를 해제조건으로 하는 증여계약과 어떤 일이 있어도 이혼하지 않 ( )
기로 한 약정은 사회질서에 반하지 않으므로 유효하다.

➡ X 부첩관계의 종료를 해제조건으로 하는 증여계약은 반사회적 법률행위에 해당하므로 무효이다. 또한 어떤 일이 있어도 이혼하지 않기로 한 약정도 개인의 자유를 심히 제한하는 행위이므로 이 역시 반사회적 법률행위로서 무효이다.

031 제3자가 피상속인으로부터 토지를 전전매수하였다는 사실을 알면서도 그 정을 ( )
모르는 상속인을 기망하여 결과적으로 그로 하여금 토지를 이중매도하게 하였다
면, 그 매수인과 상속인 사이의 토지매매계약은 반사회적 법률행위에 해당한다.

➡ O 이 경우는 매도인의 배임행위에 제2매수인이 적극가담한 이중매매와 동일하므로 반사회적 법률행위에 해당한다.

032 도박채무를 변제하기 위해 채무자가 자기 소유의 부동산에 대한 대리권을 도박채 ( )
권자에게 수여한 행위는 유효하다.

➡ O 이 경우 도박채무부담행위는 무효이지만 부동산처분에 관한 대리권을 도박채권자에게 수여한 행위는 유효하다.

033 부정행위를 용서받는 대가로 손해배상을 함과 아울러 가정에 충실하겠다는 서약 ( )
의 취지에서 처에게 부동산을 양도하면서, 부부관계가 유지되는 동안에 처가 임
의로 처분할 수 없다는 제한을 붙인 약정은 무효이다.

➡ X 부부관계가 유지되는 동안에 처가 임의로 처분할 수 없다는 제한을 붙인 약정은 압삽은 하나, 일부일처제의 근간을 무너뜨리는 아주 나쁜 행위로는 보이지 않으므로 이는 유효하다.

034 백화점 수수료위탁판매 매장계약에서 임차인이 매출신고를 누락하는 경우 판매수수료의 100배에 해당하고 매출신고 누락분의 10배에 해당하는 벌칙금을 임대인에게 배상하기로 한 위약벌의 약정은 반사회적 법률행위에 해당한다. ( )

→ ✕ 위약벌의 약정이 매출신고의 누락을 막을 수 있는 유일한 수단이므로 이는 반사회적 법률행위에 해당하지 않는다.

035 강제집행을 면할 목적으로 부동산에 허위의 근저당권을 설정하는 행위와, 양도소득세를 회피할 목적으로 실제 거래대금보다 낮은 금액으로 계약서를 작성하여 매매계약을 체결한 행위는 반사회적 법률행위로서 무효이다. ( )

→ ✕ 강제집행을 면할 목적으로 부동산에 허위의 근저당권을 설정하는 행위는 반사회적 법률행위에 해당하지 않는다. 또한 양도소득세를 회피할 목적으로 실제 거래대금보다 낮은 금액으로 계약서를 작성하여 매매계약을 체결한 행위 역시 반사회적 법률행위에 해당하지 않는다.

036 법률행위의 성립과정에서 강박이라는 불법적 방법이 사용된 데 불과한 경우라도 이는 반사회적 법률행위에 해당한다. ( )

→ ✕ 이는 강박에 의한 법률행위로서 취소할 수 있는 데에 그치고 반사회적 법률행위에는 해당하지 않는다.

037 비자금을 소극적으로 은닉하기 위하여 체결한 임치계약은 반사회적 법률행위에 해당한다. ( )

→ ✕ 비자금을 조성하는 행위는 반사회적 법률행위에 해당하나, 비자금을 소극적으로 은닉하기 위하여 임치한 것은 반사회적 법률행위에 해당하지 않는다.

038 다수의 보험계약을 통해 보험금을 부정취득할 목적으로 체결한 보험계약은 반사회적 법률행위에 해당한다. ( )

→ ○ 이는 정의관념에 반하므로 반사회적 법률행위에 해당한다.

039 甲이 자신의 부동산을 乙에게 매도하였는데, 그 사실을 잘 아는 丙이 甲의 배임행위에 적극가담하여 그 부동산을 매수하여 소유권이전등기를 받은 경우 乙은 甲·丙 사이의 매매계약에 대하여 채권자취소권을 행사할 수 있다. ( )

→ ✕ 매도인의 배임행위에 제2매수인이 적극가담한 경우, 제1매수인은 채권자대위권을 행사하여 제2매수인에 대해 그 명의의 소유권이전등기의 말소를 청구할 수 있을 뿐 채권자취소권을 행사할 수는 없다.

040 甲이 자신의 부동산을 乙에게 매도하였는데, 그 사실을 잘 아는 丙이 甲의 배임행위에 적극가담하여 그 부동산을 매수하여 소유권이전등기를 받은 경우 丙으로부터 그 부동산을 전득한 丁이 선의이면 소유권을 취득할 수 있다. ( )

→ ✕ 매도인의 배임행위에 제2매수인이 적극가담한 이중매매는 반사회적 법률행위로서 무효이다. 또한 반사회적 법률행위의 무효는 절대적 무효이므로 무효로써 선의의 제3자에게 대항할 수 있다. 따라서 丁은 선의이어도 소유권을 취득할 수 없다.

6 불공정한 법률행위

041 농촌에 거주하면서 사회경험이 없는 79세의 노인으로부터 감정가의 30%에도 못 미치는 가격으로 토지를 매수하고 계약체결 다음 날 중도금을 지급하여 이루어진 매매계약은 불공정한 법률행위에 해당한다. ( )

➡ O 불공정한 법률행위가 되기 위해서는 급부와 반대급부 사이에 현저한 불균형이 있어야 하고, 피해자에게 궁박, 경솔 또는 무경험한 사정이 있어야 하며, 폭리행위자가 피해자의 사정을 알고 이용하려는 의사(폭리행위의 악의)가 있어야 한다. 위 사례는 이 세 요건에 해당하므로 불공정한 법률행위로서 무효이다.

042 매도인이 실수로 상가지역을 그보다 가격이 비싼 상업지역이라 칭하였고, 부동산 거래의 경험이 없는 매수인이 이를 믿고서 실제 가격보다 2배 높은 대금을 지급한 매매계약은 불공정한 법률행위로서 무효이다. ( )

➡ X 매도인이 실수로 목적물의 시가를 시가보다 높은 가액이라고 칭하는 것은 기망행위에 해당하지 않고, 실제 가격보다 2배 높은 금액으로 매수한 것 역시 불공정한 법률행위가 되기 위한 급부와 반대급부 사이의 현저한 불균형에 해당하지 않으며, 폭리자의 이용의사도 있다고 보기 어려우므로 이 매매계약은 유효하다.

043 불공정한 법률행위에 있어서 무경험이란 거래 일반의 경험부족을 말하는 것이 아니라, 해당 특정영역에서의 경험부족을 말한다. ( )

➡ X 무경험이란 일반적인 생활경험의 부족을 말하는 것이지, 특정거래영역에서의 경험부족을 말하는 것이 아니다.

044 대리인을 통해 법률행위를 한 경우에는, 궁박과 경솔은 본인을 기준으로 판단한다. ( )

➡ X 대리인을 통해 법률행위를 한 경우에는, 궁박은 본인을 기준으로 판단하고, 경솔·무경험은 대리인을 기준으로 판단한다.

045 매매계약이 약정된 매매대금의 과다로 말미암아 불공정한 법률행위에 해당하여 무효인 경우에는 무효행위의 전환에 관한 제138조가 적용될 수 없다. ( )

➡ X 불공정한 법률행위에 대해 판례는 무효행위의 전환규정이 적용된다고 본다. 따라서 매매계약이 약정된 매매대금의 과다로 말미암아 불공정한 법률행위에 해당하여 무효인 경우에도 무효행위의 전환에 관한 제138조가 적용될 수 있다.

046 부담 없는 증여와 기부행위에는 불공정한 법률행위에 관한 규정이 적용될 수 없다. ( )

➡ O 증여계약과 기부행위와 같은 무상행위는 불공정한 법률행위에 해당될 수 없다.

047 경락대금과 목적물의 시가에 현저한 차이가 있는 경우 불공정한 법률행위가 성립할 수 있다. ( )

➡ X 경매절차에서 매각대금이 시가보다 현저히 저렴하더라도 불공정한 법률행위에 해당하지 않는다.

048 甲은 乙 소유의 X토지를 임차하여 사용하던 중 이를 매수하기로 乙과 합의하였으나, 계약서에는 Y토지로 잘못 기재하였다. 이 경우 매매계약은 X토지에 대하여 성립하지만, 당사자는 착오를 이유로 매매계약을 취소할 수 있다. ( )

➡ X 위 사안은 오표시무해의 원칙에 의해 원래 당사자가 의욕한 대로 X토지에 대하여 매매계약이 성립하므로 착오 자체가 존재하지 않는다. 따라서 당사자는 착오를 이유로 매매계약을 취소할 수 없다.

049 의사표시자가 그 통지를 발송한 후 사망하거나 제한능력자가 된 경우에는 그 의사표시는 무효이다. ( )

➡ X 의사표시자가 그 통지를 발송한 후 사망하거나 제한능력자가 되어도 의사표시의 효력에 영향을 미치지 아니한다.

050 상대방 있는 의사표시가 도달되었다고 보기 위해서는 상대방이 그 내용을 알았을 것을 요한다. ( )

➡ X 도달이란 사회통념상 의사표시의 내용을 알 수 있는 객관적인 상태에 이른 것을 말하므로, 상대방이 현실적으로 수령하거나 의사표시의 내용을 알았을 것까지는 필요 없다.

051 甲의 乙에 대한 의사표시의 경우, 乙이 정당한 사유 없이 계약해지 통지의 수령을 거절한 경우, 乙이 그 통지의 내용을 알 수 있는 객관적 상태에 놓여 있는 때에 의사표시의 효력이 생긴다. ( )

➡ O 상대방이 내용을 확인하지 않은 상태에서 의사표시의 수령을 거절하는 경우는 상대방이 의사표시의 내용을 알 수 있는 객관적 상태에 놓여 있는 때에 의사표시가 도달한 것으로 본다.

7 의사표시의 효력발생

052 채권양도의 통지서를 가정부가 수령한 직후 한집에 사는 채권양도인이 우편물을 바로 회수하였더라도 채권양도의 통지는 채무자에게 도달한 것으로 보아야 한다. ( )

➡ X 채권양도의 통지서를 가정부가 수령한 직후 한집에 사는 채권양도인이 우편물을 바로 회수한 경우에는 채권양도의 통지가 채무자에게 도달한 것으로 볼 수 없다.

053 甲은 乙과 체결한 매매계약에 대한 적법한 해제의 의사표시를 내용증명우편을 통하여 乙에게 발송하였다. 甲의 내용증명우편이 乙에게 도달한 후 乙이 성년후견개시의 심판을 받은 경우, 甲의 해제의 의사표시는 효력을 잃는다. ( )

➡ X 의사표시의 상대방이 의사표시를 '받은 때'에 제한능력자인 경우에는 의사표시자는 그 의사표시로써 대항할 수 없다. 따라서 甲의 내용증명우편이 乙에게 도달한 후에 乙이 성년후견개시의 심판을 받았으므로 甲의 해제의 의사표시는 계속 효력을 발생한다.

8 비진의표시

054 비진의표시에 있어서 진의란 표의자가 진정으로 마음속에서 바라는 사항을 말하는 것이지 특정한 내용의 의사표시를 하고자 하는 표의자의 생각을 뜻하는 것이 아니다. ( )

➡ ✕ 진의란 특정한 내용의 의사표시를 하고자 하는 표의자의 생각을 말하는 것이지 표의자가 진정으로 마음속에서 바라는 사항을 뜻하는 것은 아니다.

055 학교법인이 「사립학교법」상의 제한규정으로 인하여 교직원의 명의를 빌려서 금원을 차용한 경우, 금원을 대여한 자가 그러한 사정을 알고 있었다면 교직원의 금원차용의 의사표시는 비진의표시로서 무효이다. ( )

➡ ✕ 교직원은 소비대차계약을 체결할 의사가 있었으므로 이는 정상적 의사표시로서 유효하다.

056 대출절차상 편의를 위하여 명의를 빌려준 자가 채무부담의 의사를 가졌더라도 그 의사표시는 비진의표시이다. ( )

➡ ✕ 이 경우는 채무부담의 의사를 가졌으므로 비진의표시가 아니라 정상적 의사표시에 해당한다.

057 표의자가 진의 아님을 알고 한 의사표시는 원칙적으로 무효이나, 상대방이 표의자의 진의 아님을 알았거나 이를 알 수 있었을 경우에는 유효로 한다. ( )

➡ ✕ 비진의표시는 원칙적으로 유효하다. 그러나 상대방이 표의자의 진의 아님을 알았거나 이를 알 수 있었을 경우에는 무효로 한다.

058 사직의 의사가 없는 사기업의 근로자가 사용자의 지시로 어쩔 수 없이 일괄사직서를 제출하는 형태의 의사표시는 무효이다. ( )

➡ ○ 사용자의 지시로 사직원을 제출한 경우는 근로자에게 사직의 의사가 없다는 것을 사용자도 아는 경우이므로 사직원 제출행위는 무효이다.

059 공무원이 사직원을 제출하여 의원면직처분을 한 경우는 항상 유효하다. ( )

➡ ○ 공무원이 사직원을 제출하는 행위는 공법행위이고, 공법행위에는 제107조가 적용되지 않는다. 따라서 공무원이 사직원을 제출하여 의원면직처분을 한 경우는 항상 표시된 대로 효력을 발생한다.

060 소의 취하가 내심의 의사에 반하는 것이라도 이를 무효라고 볼 수는 없다. ( )

➡ ○ 소송행위에는 의사표시에 관한 규정(제107조 내지 제110조)이 적용되지 않으므로 소취하의 의사표시는 유효하다.

9 통정허위의 표시

061 통정허위표시가 성립하기 위해서는 진의와 표시의 불일치에 관하여 상대방과 합의가 있어야 한다. ( )

→ O 도도합: 통정허위표시는 의사와 표시가 불일치하는 것을 표의자도 알고 상대방도 알면서 외관창출에 대하여 합의(양해)가 있는 경우이다.

062 허위표시에 기한 법률행위는 반사회적 법률행위에 해당하므로 표의자는 자신이 상대방에게 급부한 것의 반환을 청구할 수 없다. ( )

→ X 가장행위는 반사회적 법률행위가 아니므로 허위표시에 기하여 상대방에게 급부한 것은 불법원인급여가 아니다. 따라서 표의자는 무효를 주장하여 자신이 상대방에게 급부한 것의 반환을 청구할 수 있다.

063 통정허위표시의 무효는 선의의 제3자에게 대항하지 못하는데, 이 경우 제3자 스스로 자신이 선의임을 입증하여야 한다. ( )

→ X 제3자의 선의는 추정되므로 무효를 주장하는 자가 제3자의 악의를 입증하여야 한다.

064 통정허위표시의 경우 제3자가 선의이더라도 제3자로부터 권리를 취득한 전득자(轉得者)가 악의인 경우에는 유효하게 권리를 취득할 수 없다. ( )

→ X 제3자가 선의인 경우 제3자로부터 권리를 취득한 전득자(轉得者)는 악의일지라도 유효하게 권리를 취득한다. 이를 '엄폐물의 법칙'이라 한다.

065 통정허위표시로서 무효인 법률행위라도 채권자취소권의 대상이 될 수 있다. ( )

→ O 채무자가 자신의 유일한 재산을 가장매매한 경우처럼 통정허위표시로서 무효인 법률행위라도 채권자취소권의 대상이 될 수 있다.

066 당사자가 통정하여 증여를 매매로 가장한 경우, 매매와 증여 모두 무효이다. ( )

→ X 당사자가 통정하여 증여를 매매로 가장한 경우, 매매는 가장행위로서 무효이지만 증여는 은닉행위로서 유효하다.

067 甲은 강제집행을 면하기 위하여 乙과 통모하여 그의 부동산을 매매의 형식을 빌려 乙 명의로 소유권이전등기를 마쳤고, 乙은 그 사정을 과실로 모르는 丙에게 전매하였다. 이 경우 丙은 소유권을 취득할 수 없다. ( )

→ X 제3자로서 보호받기 위해서는 선의이면 족하고, 무과실까지 요구되지는 않는다. 따라서 제3자는 선의이기만 하면 설사 과실(過失)이 있더라도 보호된다. 따라서 과실이 있더라도 丙은 선의이므로 소유권을 취득할 수 있다.

068 甲은 채권자의 강제집행을 피하기 위하여 자기 소유의 건물을 친구인 乙과 짜고 소유권이전등기를 해 두었다. 한편 乙은 이를 선의의 丙에게 매도하고 소유권이전등기를 하여 주었고, 丁은 이 사실을 알고 丙으로부터 건물을 매수하였다. 이 경우 甲은 丁에게 계약의 무효를 주장할 수 있다. ( )

➡ ✗ 제3자가 선의이어서 소유권을 취득하는 경우에는 전득자는 악의일지라도 유효하게 소유권을 취득한다(이를 '엄폐물의 법칙'이라 함). 따라서 甲은 丁에게 계약의 무효를 주장할 수 없다.

069 甲은 강제집행을 피하기 위해 자신의 X부동산을 乙에게 가장매도하여 소유권이전등기를 해 주었는데, 乙이 이를 악의의 丙에게 매도하고 소유권이전등기를 해 주었고, 丙은 이를 다시 선의의 丁에게 X부동산을 매도하고 소유권이전등기를 해 준 경우 丁은 소유권을 취득하지 못한다. ( )

➡ ✗ 제3자로부터 새로운 이해관계를 맺은 전득자도 제108조 제2항의 제3자에 포함된다. 따라서 제3자가 악의이더라도 전득자가 선의이면 선의의 제3자로서 보호를 받으므로 丁은 소유권을 취득할 수 있다.

070 甲은 자기 소유 토지를 乙에게 증여하기로 약정하였다. 그런데 세금문제를 우려하여 乙과 짜고 마치 매매계약을 체결한 것처럼 꾸며 乙 앞으로 이전등기를 하였다. 乙이 이런 사실을 안 丙에게 매도하고 이전등기한 경우, 甲은 丙을 상대로 이전등기의 말소를 청구할 수 있다. ( )

➡ ✗ 매매계약은 가장행위로 무효이나 증여계약은 유효하고, 乙 앞으로 된 소유권이전등기도 유효하므로 乙이 토지의 소유권을 취득한다. 따라서 丙은 가장매매사실에 대해 선의·악의를 불문하고 소유권을 취득하므로 甲은 丙을 상대로 이전등기의 말소를 청구할 수 없다.

10 제108조 제2항의 제3자

071 가장매매의 매수인으로부터 매매계약에 기한 소유권이전등기청구권을 보전하기 (   )
위하여 가등기를 경료한 자는 제108조 제2항의 제3자에 해당하지 않는다.

➡ ✕ 제108조 제2항의 제3자는 당사자 및 그 포괄승계인을 제외하고 허위표시를 기초로 법률상 새로운 실질적 이해관계를 맺은 자를 말한다. 가등기에 기해 본등기를 한 경우 순위보전의 효력에 의해 가등기권자가 목적물의 소유권을 취득하므로 가등기권자는 허위표시를 기초로 법률상 새로운 이해관계를 맺은 자이므로 제108조 제2항의 제3자에 해당한다.

072 통정허위표시에 의해 설정된 전세권에 대해 저당권을 설정받은 자는 제108조 제 (   )
2항의 제3자에 해당한다.

➡ ○ 통정허위표시에 의해 설정된 전세권에 대해 저당권을 설정받은 자는 허위표시를 기초로 법률상 새로운 실질적 이해관계를 맺은 자이므로 제108조 제2항의 제3자에 해당한다.

073 통정허위표시에 의한 채권을 가압류한 자는 제108조 제2항의 제3자에 해당한다. (   )

➡ ○ 통정허위표시에 의한 채권을 가압류한 자는 허위표시를 기초로 법률상 새로운 실질적 이해관계를 맺은 자이므로 제108조 제2항의 제3자에 해당한다.

074 통정허위표시의 무효로 대항할 수 없는 제3자에 해당하는지의 여부를 판단할 때, (   )
파산관재인은 파산채권자 모두가 악의로 되지 않는 한 선의로 다루어진다.

➡ ○ 파산자가 상대방과 통정한 허위의 의사표시를 통하여 가장채권을 보유하고 있다가 파산선고가 된 경우 그 가장채권도 일단 파산재단에 속하게 되고, 파산선고에 따라 파산자와는 독립한 지위에서 파산채권자 전체의 공동의 이익을 위하여 직무를 행하게 된 파산관재인은 허위표시를 기초로 법률상 새로운 실질적 이해관계를 맺는 자이므로 제108조 제2항의 제3자에 해당한다. 또한 그 선의·악의도 파산관재인 개인의 선의·악의를 기준으로 할 수는 없고, 총파산채권자를 기준으로 하여 파산채권자 모두가 악의로 되지 않는 한 파산관재인은 항상 선의의 제3자가 될 수밖에 없다.

075 채권의 가장양도에 있어서 변제기 전의 채무자는 허위표시규정에서 말하는 제3자 (   )
에 해당하지 않는다.

➡ ○ 채권의 가장양도에 있어서 변제기 전의 채무자는 허위표시를 하기 전부터 존재하였던 자이므로 제108조 제2항의 제3자에 해당하지 않는다.

076 甲이 乙로부터 금전을 차용하고 그 담보로 자기 소유의 X건물에 가등기를 하기로 (   )
약정한 후, 채권자들의 강제집행을 회피하기 위하여 X건물을 丙에게 가장양도한
경우에 丙으로부터 가등기를 경료받은 乙은 통정허위표시에서의 제3자에 해당한다.

➡ ✕ 乙은 甲의 X건물에 대해 이미 가등기를 받기로 약정이 되어 있는 자이므로 허위표시를 기초로 새로운 이해관계를 맺은 자가 아니다. 따라서 乙은 제108조 제2항의 제3자에 해당하지 않는다.

11 착오에 의한 의사표시

077 동기의 착오를 이유로 표의자가 법률행위를 취소하려면 그 동기를 당해 의사표시의 내용으로 삼을 것을 상대방에게 표시하여 당사자들 사이에 그 동기를 의사표시의 내용으로 삼기로 하는 합의가 있어야 한다. ( )

→ ✕ 동기의 착오를 이유로 표의자가 법률행위를 취소하려면 그 동기를 당해 의사표시의 내용으로 삼을 것을 상대방에게 표시하면 되고, 당사자들 사이에 그 동기를 의사표시의 내용으로 삼기로 하는 합의까지 이루어질 필요는 없다.

078 토지소유자가 공무원의 법령오해에 따른 설명으로 착오에 빠져 토지를 국가에 증여한 경우, 이를 취소할 수 있다. ( )

→ ○ 이는 동기의 착오가 상대방으로부터 유발된 경우이고 토지소유자는 착오를 이유로 증여계약을 취소할 수 있다.

079 당사자가 착오를 이유로 의사표시를 취소하지 않기로 약정한 경우, 표의자는 의사표시를 취소할 수 없다. ( )

→ ○ 착오에 관한 제109조 규정은 임의규정이므로 착오가 있더라도 취소할 수 없도록 한 약정은 유효하다.

080 착오에 있어서 중요부분인가의 여부는 표의자의 입장에서 착오를 알았더라면 의사표시를 하지 않았으리라고 인정되면 족하다. ( )

→ ✕ 착오에 있어서 중요부분인가의 여부는 주관적·객관적 기준으로 결정한다. 즉, 표의자의 입장에서도 착오를 알았더라면 의사표시를 하지 않았으리라고 인정되어야 하고, 동시에 일반인이 표의자의 입장에 섰을 때에도 착오를 알았더라면 의사표시를 하지 않았으리라고 인정되어야 한다.

081 매매목적물 1,800평을 경작이 가능한 농지로 알고 매수하였으나 그중 1,355평이 하천부지인 경우 이는 중요부분의 착오에 해당한다. ( )

→ ○ 이는 토지의 현황에 관한 착오로서 중요부분의 착오에 해당한다.

082 건물과 그 부지를 현상대로 매수한 경우에 부지의 지분이 미미하게 부족하다면, 이는 매매계약의 중요부분의 착오에 해당하지 않는다. ( )

→ ○ 지분의 근소한 부족은 중요부분의 착오에 해당하지 않는다.

083 착오에 의한 의사표시로 표의자가 경제적 불이익을 입지 않았더라도 착오를 이유로 그 의사표시를 취소할 수 있다. ( )

→ ✕ 표의자에게 경제적 불이익이 없는 경우는 중요부분의 착오가 아니므로 착오를 이유로 의사표시를 취소할 수 없다.

084 재건축조합이 재건축아파트 설계용역계약을 체결함에 있어서 상대방의 건축사 자격 유무에 관한 착오는 중요부분의 착오에 해당하나, 건축사 자격 유무를 조사하지 않은 것은 중대한 과실에 해당한다. ( )

➡ ✕ 전문적인 자격증을 소지한 자인지의 여부를 일반인이 손쉽게 알 수 있는 사항이 아니므로 건축사 자격 유무를 조사하지 않은 것은 중대한 과실에 해당하지 않는다.

085 고려청자로 알고 매수한 도자기가 진품이 아닌 것으로 밝혀진 경우, 매수인이 자신의 골동품 식별 능력을 과신한 나머지 전문적 감정인의 감정을 거치지 않은 때에는 매매계약을 취소할 수 없다. ( )

➡ ✕ 일반 사람 누구나 자신의 능력을 너무 믿으면 전문가의 의견을 구하지 않는 습성이 있으므로 위 사례는 중대한 과실에 해당하지 않는다. 따라서 이 경우에는 착오를 이유로 매매계약을 취소할 수 있다.

086 공인중개사를 통하지 않고 개인적으로 토지매매를 하는 경우 매매목적물의 동일성에 착오가 있더라도 토지대장을 확인하지 않은 때에는 매매계약을 취소할 수 없다. ( )

➡ ○ 공인중개사를 통하지 않고 개인적으로 토지거래를 하는 경우 토지대장을 통해 매매목적물이 맞는지 확인하지 않은 것은 중대한 과실에 해당하므로 매매계약을 취소할 수 없다.

087 상대방이 표의자의 착오를 알고 이용한 경우, 표의자는 자신의 착오가 중대한 과실로 인한 것이더라도 의사표시를 취소할 수 있다. ( )

➡ ○ 표의자의 착오가 중대한 과실로 인한 것이더라도 상대방이 표의자의 착오를 알고 이용한 경우에는 표의자는 착오를 이유로 자신의 의사표시를 취소할 수 있다.

088 상대방이 착오자의 진의에 동의하더라도 착오자는 의사표시를 취소할 수 있다. ( )

➡ ✕ 상대방이 착오자의 진의에 동의한 경우에는 착오자는 의사표시를 취소할 수 없다. 예를 들어 甲이 자신의 물건을 110만원에 팔려고 했는데 100만원으로 잘못 적었고, 乙이 甲의 진의에 동의해서 110만원을 지급하겠다고 한 경우에는 甲은 원래 팔려고 한 금액에 판 것이므로 (현재 그 물건이 150만원이 되어도) 착오를 이유로 자신의 의사표시를 취소할 수 없다.

089 표의자의 중대한 과실 유무는 착오에 의한 의사표시의 효력을 부인하는 자가 증명하여야 한다. ( )

➡ ✕ 착오의 경우에 표의자는 착오를 이유로 의사표시를 취소하려고 하는 자이므로 의사표시의 효력을 부인하는 자이다. 한편 상대방은 표의자에게 중대한 과실이 있다는 점을 들어 표의자로 하여금 취소를 하지 못하게 하려는 자이므로 상대방은 의사표시의 효력을 인정하는 자이다. 그리고 표의자에게 중대한 과실이 있다는 점은 상대방이 입증하여야 한다. 따라서 표의자의 중과실은 의사표시의 효력을 인정하는 자가 입증하여야 한다.

12 착오와 다른 제도와의 관계

090 표의자의 착오에 경과실이 있는 경우 표의자는 착오를 이유로 자신의 의사표시를 취소할 수 있으나, 상대방은 표의자에게 불법행위를 이유로 손해배상을 청구할 수 있다. ( )

→ ✕ 표의자의 착오가 경과실로 인한 때에도 표의자는 자신의 의사표시를 취소할 수 있고, 이러한 취소행위는 적법하므로 상대방은 표의자에게 불법행위를 이유로 손해배상을 청구할 수 없다.

091 매도인의 하자담보책임이 성립하더라도 매수인은 중요부분의 착오를 이유로 매매계약을 취소할 수 있다. ( )

→ ○ 담보책임과 착오는 서로 병존할 수 있다. 매매계약 내용의 중요부분에 착오가 있는 경우, 매수인은 매도인의 하자담보책임이 성립하는지와 상관없이 착오를 이유로 매매계약을 취소할 수 있다.

092 매도인이 매매계약을 적법하게 해제한 후라도 매수인은 착오를 이유로 매매계약을 취소할 수 있다. ( )

→ ○ 매도인이 매매계약을 적법하게 해제한 후라도 매수인은 계약금을 돌려받거나 손해배상 책임을 면하기 위해서 착오를 이유로 매매계약을 취소할 수 있다.

13 사기·강박에 의한 의사표시

093 제3자의 사기에 의해 상대방 있는 의사표시를 한 표의자는 상대방이 그 사실을 알았거나 알 수 있었을 경우에 한하여 그 의사표시를 취소할 수 있다. ( )

→ ○ 상대방 있는 의사표시에 관하여 제3자가 사기나 강박을 한 경우 표의자는 상대방이 그 사실을 알았거나 알 수 있었을 경우에 한하여 그 의사표시를 취소할 수 있다.

094 제3자의 사기로 매매계약을 체결한 경우, 표의자는 매매계약을 취소하지 않으면 제3자에게 불법행위로 인한 손해배상을 청구할 수 없다. ( )

→ ✕ 제3자에 의한 사기행위로 계약을 체결한 경우, 표의자는 그 계약을 취소하지 않고도 제3자에 대하여 불법행위로 인한 손해배상청구를 할 수 있다.

095 아파트분양자가 아파트단지 인근에 공동묘지가 조성되어 있다는 사실을 분양계약자에게 고지하지 않은 경우에는 기망행위에 해당한다. ( )

→ ○ 아파트분양자는 공동묘지가 조성되어 있다는 사실을 분양계약자에게 말해 줄 법률상의 의무가 있으므로 이를 고지하지 않은 것은 기망행위에 해당한다.

096 판매가격을 실제보다 높게 표시하고 할인판매를 가장한 대형백화점의 변칙세일 ( )
행위로 인한 매매계약은 사기를 이유로 취소할 수 있다.

➡ O 판매가격을 실제보다 높게 표시하고 할인판매를 가장한 대형백화점의 변칙세일행위는 기망행위의 위법성이 인정된다. 따라서 이로 인한 매매계약은 사기를 이유로 취소할 수 있다.

097 강박에 의해 증여의 의사표시를 하였다고 하여 증여의 내심의 효과의사가 결여된 ( )
것이라고 할 수 없다.

➡ O 강박에 의해 의사표시를 하였더라도 법률효과의 발생을 의욕하는 의사는 있는 것이므로 강박에 의한 의사표시는 아예 처음부터 법률효과의 발생을 의욕할 의사가 없는 비진의 표시가 될 수 없다.

098 강박의 정도가 극심하여 표의자의 의사결정의 자유가 박탈(剝奪)된 상태에서 이 ( )
루어진 의사표시는 무효이다.

➡ O 강박은 의사결정의 자유를 제한하는 정도를 말하므로, 강박의 정도가 극심하여 표의자의 의사결정의 자유가 박탈(剝奪)된 상태에서 이루어진 의사표시는 무효이다.

099 강박행위의 위법성은 어떤 해악의 고지가 거래관념상 그 해악의 고지로써 추구하 ( )
는 이익달성을 위한 수단으로 부적당한 경우에는 인정되지 않는다.

➡ X 강박행위의 위법성은 ① 목적이 위법한 경우(실제로 자기에게 채무를 지고 있는 자에게 탈세에 협력하지 않으면 즉시 채무이행을 구하는 소송을 제기하겠다고 협박하는 경우), ② 수단이 위법한 경우(채무를 면제시켜 주지 않으면 폭행을 하겠다고 협박하는 경우), ③ 목적과 수단의 결합이 부적당한 경우(교통사고의 피해자가 사고에 대한 손해를 배상하지 않으면 우연히 목격했던 가해자의 과거의 범죄를 경찰에 신고하겠다고 협박한 경우)에 인정된다.

100 사기나 강박에 의한 소송행위는 원칙적으로 취소할 수 없다. ( )

➡ O 공법행위, 소송행위, 가족법상의 행위에는 의사표시에 관한 규정(제107조 내지 제110조)이 적용되지 않는다. 따라서 사기나 강박에 의한 소송행위는 원칙적으로 취소할 수 없다.

101 기망에 의하여 하자 있는 물건에 관한 매매가 성립한 경우에 매수인은 각각의 요 ( )
건을 입증하여 하자담보책임을 묻거나 사기에 의한 취소권을 행사할 수 있다.

➡ O 담보책임과 사기는 병존하므로 매수인은 각각의 요건을 입증하여 주장할 수 있다.

102 제3자의 기망행위에 의하여 신원보증서류에 서명날인한다는 착각에 빠진 상태로 ( )
연대보증의 서면에 서명날인한 경우에는 사기를 이유로 연대보증계약을 취소할
수 있다.

➡ X 서명날인의 착오는 착오를 이유로 취소할 수 있을 뿐 사기를 이유로 취소할 수는 없다.

1일차 복습체크!

01 매매계약에 의해 소유권이전등기청구권을 취득하는 것은 _____ 에 해당한다.

02 추인, 취소, 해제, 공유지분의 포기는 _____ 단독행위에 해당한다.

03 개업공인중개사가 중개의뢰인과 직접 거래를 하는 행위를 금지하는 「공인중개사법」 관련규정은 단속법규이므로 이에 위반하여 이루어진 거래행위는 _____.

04 부정행위를 용서받는 대가로 손해배상을 함과 아울러 가정에 충실하겠다는 서약의 취지에서 처에게 부동산을 양도하면서, 부부관계가 유지되는 동안에 처가 임의로 처분할 수 없다는 제한을 붙인 약정은 _____.

05 법률행위의 성립과정에서 강박이라는 불법적 방법이 사용된 데 불과한 경우라도 이는 반사회적 법률행위에 해당 _____.

06 매매계약이 약정된 매매대금의 과다로 말미암아 불공정한 법률행위에 해당하여 무효인 경우에는 무효행위의 전환에 관한 제138조가 적용될 수 _____.

07 통정허위표시로서 무효인 법률행위라도 채권자취소권의 대상이 될 수 _____.

08 채권의 가장양도에 있어서 변제기 전의 채무자는 허위표시규정에서 말하는 제3자에 해당 _____.

09 고려청자로 알고 매수한 도자기가 진품이 아닌 것으로 밝혀진 경우, 매수인이 자신의 골동품 식별 능력을 과신한 나머지 전문적 감정인의 감정을 거치지 않은 때에는 매매계약을 취소할 수 _____.

[정답] **01** 원시취득 **02** 상대방 있는 **03** 유효하다 **04** 유효하다 **05** 하지 않는다 **06** 있다 **07** 있다 **08** 하지 않는다 **09** 있다

1일차 복습체크!

10 매도인이 매매계약을 적법하게 해제한 후라도 매수인은 착오를 이유로 매매계약을 취소할 수 　　　.

11 강박의 정도가 극심하여 표의자의 의사결정의 자유가 박탈된 상태에서 이루어진 의사표시는 　　　.

정답 **10** 있다 **11** 무효이다

핵심체크 2일차

PART 01 민법총칙

14 대리권 관계 ~ 22 조건과 기한

✓ 핵심체크 2일차

14 대리권 관계

103 수권행위가 성립하기 위해서는 대리인이 될 자의 승낙이 있어야 하고, 수권행위는 반드시 위임장을 작성하여 교부하는 방식으로 하여야 한다. ( )

➡ ✗ 수권행위는 단독행위이므로 수권행위가 성립하기 위해서 대리인이 될 자의 승낙은 필요 없다. 또 수권행위는 불요식행위이므로 서면으로뿐만 아니라 구두로도 할 수 있다. 따라서 수권행위는 반드시 위임장을 작성하여 교부하는 방식으로 할 필요는 없다.

104 대여금의 영수권한에는 대여금채무의 면제에 관한 권한도 포함되므로 대여금채무의 일부를 면제하기 위해서는 본인의 특별수권까지 필요한 것은 아니다. ( )

➡ ✗ 대여금의 영수권한에 대여금채무의 면제에 관한 권한은 포함되지 않는다. 따라서 대여금채무의 일부를 면제하기 위해서는 본인의 특별수권이 필요하다.

105 금전소비대차계약과 담보권설정계약을 체결할 대리권을 수여받은 대리인은 그 계약을 해제할 권한까지 가지는 것으로 보아야 한다. ( )

➡ ✗ 금전소비대차계약과 담보권설정계약을 체결할 대리권을 수여받았더라도 특별한 사정이 없는 한 계약을 해제할 권한까지 가지는 것은 아니다.

106 甲은 자신의 X부동산의 매매계약체결에 관한 대리권을 乙에게 수여하였고, 乙은 甲을 대리하여 丙과 매매계약을 체결한 경우, 乙은 대금을 수령할 권한과 계약을 해제할 권한을 가진다. ( )

➡ ✗ 매매계약체결에 관한 대리권에 대금을 수령할 권한은 포함되나, 계약을 해제할 권한은 포함되지 않는다. 따라서 본인 甲의 특별수권이 없는 한 임의대리인 乙은 계약을 해제할 수 없다.

107 대리권의 범위가 명확하지 않은 임의대리인은 부패하기 쉬운 물건의 매각행위를 할 수 있다. ( )

➡ ○ 부패하기 쉬운 물건의 매각행위는 보존행위이고, 보존행위는 대리의 목적인 물건이나 권리의 성질이 변해도 되므로 대리권의 범위가 명확하지 않은 임의대리인은 부패하기 쉬운 물건의 매각행위를 할 수 있다.

108 권한을 정하지 아니한 대리인은 은행예금을 보다 높은 금리로 개인에게 빌려주는 행위를 할 수 있다. ( )

➡ ✗ 은행예금을 보다 높은 금리로 개인에게 빌려주는 행위는 개량행위이나, 이는 대리의 목적인 물건이나 권리의 성질이 변하므로 허용되지 않는다.

109 자기계약과 쌍방대리는 원칙적으로 금지되나, 본인의 허락이 있거나 부득이한 사유가 있는 경우에는 예외적으로 허용된다. ( )

➡ X '부득이한 사유'는 자기계약과 쌍방대리가 허용되는 경우가 아니다. 본인의 허락이 있거나 채무의 이행에 대해서만 자기계약과 쌍방대리가 예외적으로 허용된다.

110 부동산 입찰절차에서 동일물건에 관하여 이해관계가 다른 2인 이상의 대리인이 되더라도 그 대리인이 한 입찰행위는 유효하다. ( )

➡ X 대리인은 본인의 허락이 없으면 동일한 법률행위에 관하여 당사자 쌍방을 대리하지 못하므로 부동산 입찰절차에서 동일물건에 관하여 이해관계가 다른 2인 이상의 대리인이 된 경우에는 그 대리인이 한 입찰은 무효이다.

111 대리인이 수인인 때에 공동대리의 제한이 있는 경우에는 대리인이 상대방에 대해 의사표시를 할 때에는 의사결정에 관하여 전원이 일치하면 되고, 전원이 모두 표시행위를 하여야 하는 것은 아니다. ( )

➡ O 공동대리에 있어서의 공동은 '의사결정의 공동'을 의미한다. 따라서 의사결정에 관하여 전원이 일치하면 되고, 표시행위는 일부가 하더라도 법률효과가 본인에게 귀속한다.

112 본인이 사망하거나 성년후견 개시심판이나 파산선고를 받은 경우에는 대리권은 소멸한다. ( )

➡ X 본인 쪽의 대리권 소멸사유는 사망뿐이다. 대리인이 사망하거나 성년후견 개시심판이나 파산선고를 받은 경우에 대리권이 소멸한다.

113 원인된 법률관계의 종료, 수권행위의 철회 및 수권행위의 취소는 임의대리권에만 특유한 소멸원인이다. ( )

➡ O 본인의 사망, 대리인의 사망·성년후견의 개시·파산은 임의대리권과 법정대리권에 공통된 소멸원인이고, 원인된 법률관계의 종료, 수권행위의 철회, 수권행위의 취소는 임의대리권에만 특유한 소멸원인이다.

114 甲이 자신의 X토지를 매도하기 위하여 乙에게 대리권을 수여한 후 乙이 한정후견 개시의 심판을 받은 때에는, 특별한 사정이 없는 한 乙의 대리권은 소멸한다. ( )

➡ X 대리인이 한정후견 개시심판을 받은 경우는 대리권이 소멸하지 않는다. 대리인이 성년후견 개시심판을 받은 경우에 대리권이 소멸한다.

15 대리행위관계

115 현명에 있어서 대리인이 본인을 위한 것임을 표시한다는 것은 본인에게 경제적 이익을 주겠다는 의사를 표시하는 것을 말한다. ( )

➡ ✗ 본인에게 '경제적 이익'을 주겠다는 의사를 표시하는 것이 아니라 '법률효과'를 귀속시키 겠다는 의사를 표시하는 것을 말한다.

116 매매위임장을 제시하고 자기의 이름으로 매매계약을 체결하는 자는 특별한 사정이 없는 한 본인을 대리하여 매매행위를 하는 것으로 보아야 한다. ( )

➡ ○ 매매위임장을 제시하고 계약을 하였으므로 이는 대리인이 현명을 한 것으로 보아야 한다.

117 대리인이 본인을 위한 것임을 표시하지 아니한 때에는 그 의사표시는 자기를 위한 것으로 추정되나, 상대방이 대리인으로서 한 것임을 알았거나 알 수 있었을 때에는 본인에게 법률효과가 귀속한다. ( )

➡ ✗ '추정'이 아니라 '본다'(간주)이다.

118 대리에 있어서 의사표시의 효력이 의사의 흠결, 사기, 강박 또는 어느 사정을 알았거나 과실로 알지 못한 것으로 인하여 영향을 받을 경우에 그 사실의 유무는 본인을 표준으로 결정하는 것이 원칙이다. ( )

➡ ✗ '본인'이 아니라 '대리인'을 표준으로 결정하는 것이 원칙이다. 대리의 경우에는 법률행위를 하는 자는 대리인이므로 원칙적으로 대리인을 표준으로 대리행위의 하자 유무를 결정하여야 한다.

119 대리인이 매도인의 배임행위에 적극가담하여 이루어진 부동산의 이중매매는 본인인 매수인이 그러한 사정을 몰랐다면 반사회적 법률행위가 되지 않는다. ( )

➡ ✗ 대리인이 부동산을 이중으로 매수한 경우 그 매매계약이 반사회적 법률행위인지 여부의 판단기준이 되는 자는 대리인이다. 따라서 대리인이 본인을 대리하여 매매계약을 체결할 때 매도인의 배임행위에 적극가담하였다면, 설사 본인이 그 사실을 몰랐더라도 그 매매계약은 반사회적 법률행위로서 무효이다.

120 대리인은 의사능력자임을 요하지 아니한다. ( )

➡ ✗ '의사능력자'가 아니라 '행위능력자'임을 요하지 아니한다. 대리인은 법률행위를 하는 지이므로 권리능력과 의사능력은 필요하다. 그러나 대리인은 법률효과를 받지는 않으므로 행위능력까지는 필요 없다.

121 대리인을 통한 부동산거래에서 상대방 앞으로 소유권이전등기가 마쳐진 경우, 대리권 유무에 대한 증명책임은 대리행위의 유효를 주장하는 상대방에게 있다. ( )

→ ✕ 대리인을 통한 부동산거래에서 상대방 앞으로 소유권이전등기가 마쳐진 경우 상대방에게는 소유권이 있는 것으로 추정되고, 또 대리인에게도 대리권이 존재하는 것으로 추정된다. 따라서 대리행위의 무효를 주장하는 본인이 대리인에게 대리권이 없음을 입증하여야 한다.

16 복대리

122 복대리인은 대리인이 자신의 이름으로 선임한 대리인의 대리인이며, 대리인의 감독을 받는다. ( )

→ ✕ 복대리인은 '대리인'의 대리인이 아니라 '본인'의 대리인이다.

123 임의대리인이 본인의 승낙을 얻어서 복대리인을 선임한 경우, 본인에 대하여 그 선임·감독에 관한 책임이 없다. ( )

→ ✕ 임의대리인이 본인의 승낙이 있거나 부득이한 사유가 있어서 복대리인을 선임한 때에는 본인에 대하여 선임·감독상의 과실책임을 진다.

124 대리인이 복대리인을 선임한 후 사망하더라도 복대리인의 대리권은 소멸하지 않는다. ( )

→ ✕ 복대리권은 대리권에 종속한다. 따라서 대리인이 사망하면 대리권이 소멸하므로 복대리권도 같이 소멸한다.

125 자신이 직접 처리할 필요가 없는 법률행위에 관하여 임의대리인은 본인의 명시적인 금지가 없는 경우에는 복대리인을 선임할 수 있다. ( )

→ ◯ 자신이 직접 처리할 필요가 없는 법률행위에 관하여 본인이 복대리 금지의사를 명시적으로 밝히지 않았다면 복대리인 선임에 관한 묵시적인 승낙이 있는 것으로 볼 수 있다. 따라서 이 경우에는 임의대리인은 복대리인을 선임할 수 있다.

126 법정대리인은 부득이한 사유로 복대리인을 선임하더라도 그 선임·감독상의 과실 유무에 관계 없이 복대리인의 행위에 대한 모든 책임을 진다. ( )

→ ✕ 법정대리인이 부득이한 사유로 인해 복대리인을 선임한 경우 선임·감독상의 과실책임만 진다.

127 복대리인의 대리행위에 대하여도 표현대리에 관한 규정이 적용될 수 있다. ( )

→ ◯ 복대리인이 대리권의 범위를 넘는 행위를 하고 상대방이 복대리인에게 대리권이 있다고 믿을만한 정당한 이유가 있는 때에는 제126조의 표현대리가 성립할 수 있다. 따라서 복대리인의 대리행위에 대하여도 표현대리에 관한 규정이 적용될 수 있다.

17 무권대리

128 대리권 없는 甲은 乙 소유의 X부동산에 관하여 乙을 대리하여 丙과 매매계약을 체결하였다. 이때 乙이 丙에 대하여 추인하면 특별한 사정이 없는 한, 추인은 매매계약 체결 시에 소급하여 그 효력이 생긴다. ( )

➡ O 무권대리의 추인은 소급효가 있다. 즉, 추인은 다른 의사표시가 없는 때에는 계약 시에 소급하여 그 효력이 생긴다.

129 무권대리에 있어서 일부에 대한 추인이나 조건을 붙이거나 변경을 가한 추인은 상대방의 동의가 없는 한 추인으로서 효력이 없다. ( )

➡ O 추인은 전부에 대해서 하여야 하므로 일부에 대한 추인은 원칙적으로 추인으로서의 효력이 인정되지 않는다. 또한 조건을 붙이거나 변경을 가한 추인도 상대방의 동의가 없는 한 추인으로서 효력이 없다.

130 본인이 무권대리인에 의한 매매계약이 있음을 알고 상대방으로부터 매매대금을 수령한 것은 무권대리행위를 묵시적으로 추인한 것으로 볼 수 있다. ( )

➡ O 본인이 무권대리행위가 있음을 알고 상대방으로부터 매매대금을 수령한 것은 추인으로 볼 수 있는 행위에 해당하므로 이는 묵시적 추인으로 볼 수 있다.

131 본인이 자신의 장남이 서류를 위조하여 매도한 부동산매매계약에 대해 10여 년간 아무런 이의를 제기하지 않았다면 장남의 무권대리행위를 묵시적으로 추인한 것으로 볼 수 있다. ( )

➡ X 무권대리행위를 장기간 방치하거나 이의를 제기하지 않은 것은 묵시적 추인으로 볼 수 없다. 만약 본인이 무권대리행위가 있음을 알고 부동산을 상대방에게 인도하였다면 이는 묵시적 추인으로 볼 수 있다.

132 무권대리인이 차용한 금원의 변제기일에 채권자가 본인에게 그 변제를 독촉하자 본인이 변제기간의 유예를 요청한 것은 무권대리행위를 묵시적으로 추인한 것으로 볼 수 있다. ( )

➡ O 본인이 변제기간의 유예를 요청한 것은 추인으로 볼 수 있는 행위가 있는 경우이므로 이는 무권대리행위를 묵시적으로 추인한 것으로 볼 수 있다.

133 무권대리인의 계약상대방은 계약 당시 대리권 없음을 안 경우에도 본인에 대해 계약을 철회할 수 있다. ( )

➡ X 선의자만 철회권을 행사할 수 있고, 계약 당시 상대방이 대리권 없음을 안 경우에는 철회할 수 없다.

134 다른 자의 대리인으로서 계약을 맺은 자가 그 대리권을 증명하지 못하고 또 본인의 추인을 받지 못한 경우에는 그는 자신의 선택에 따라 계약을 이행할 책임 또는 손해를 배상할 책임이 있다. ( )

➡ ✕ '자신의 선택'에 따라가 아니라 '상대방의 선택'에 따라이다.

135 대리권 없는 乙이 甲을 대리하여 丙에게 甲 소유의 토지를 매도하였다. 甲이 乙에게 추인한 경우에 丙이 추인사실을 알지 못하였더라도 甲은 丙에게 추인의 효과를 주장할 수 있다. ( )

➡ ✕ 본인이 무권대리인에 대해 추인을 한 경우 상대방이 추인사실을 알 때까지는 상대방에게 대항할 수 없다. 따라서 甲은 선의의 丙에게 추인의 효과를 주장할 수 없다.

136 대리권 없는 乙이 甲의 이름으로 甲의 부동산을 丙에게 매도하여 소유권이전등기를 해주었다. 그 후 乙이 甲을 단독상속한 경우 본인 甲의 지위에서 추인을 거절하는 것은 신의성실의 원칙에 반한다. ( )

➡ ○ 대리권 없이 타인의 부동산을 매도한 자가 그 부동산을 단독상속한 후 소유자의 지위에서 자신의 대리행위가 무권대리로 무효임을 주장하여 등기말소나 부당이득반환을 청구하는 것은 신의칙에 반하므로 허용될 수 없다.

137 무권대리인 乙이 甲을 대리하여 甲 소유의 X부동산을 丙에게 매도하는 계약을 체결하였다. 이 때 丙이 상당한 기간을 정하여 甲에게 추인 여부의 확답을 최고하였으나, 그 기간 내에 확답을 받지 못한 때에는 추인을 거절한 것으로 본다. ( )

➡ ✕ 상대방이 상당한 기간을 정하여 본인에게 추인 여부의 확답을 최고하였으나, 본인이 그 기간 내에 확답을 발하지 아니한 때에는 추인을 거절한 것으로 본다. 따라서 '丙이 확답을 받지 못한 때'가 아니라 '甲이 확답을 발하지 아니한 때'에 추인을 거절한 것으로 본다.

138 대리권 없는 乙이 甲을 대리하여 丙에게 甲 소유의 건물을 매도하였다. 乙이 대리권을 증명하지 못하거나 甲의 추인을 받지 못한 때에는 乙은 丙의 선택에 따라 계약을 이행할 책임 또는 손해를 배상할 책임을 진다. ( )

➡ ✕ '못하거나'가 아니고 '못하고 또'가 되어야 한다. 즉, 다른 자의 대리인으로서 계약을 맺은 자가 그 대리권을 증명하지 '못하고 또' 본인의 추인을 받지 못한 경우에는 그는 '상대방의 선택'에 따라 계약을 이행할 책임 '또는' 손해를 배상할 책임이 있다.

18 표현대리

139 표현대리의 성립을 주장할 수 있는 자는 표현대리행위의 직접 상대방에 한하지 ( )
않고, 상대방으로부터 전득한 자도 이에 포함된다.

➡ ✕ 표현대리는 상대방을 보호하는 데 취지가 있고, 표현대리를 주장할 수 있는 자는 당해 표현대리행위의 직접 상대방에 한한다. 따라서 상대방으로부터 전득한 자는 표현대리를 주장할 수 없다.

140 유권대리에 관한 주장 속에 무권대리에 속하는 표현대리의 주장이 포함되어 있다 ( )
고 볼 수 있다.

➡ ✕ 유권대리와 무권대리는 전혀 별개의 제도이므로 유권대리에 관한 주장 속에 무권대리에 속하는 표현대리의 주장이 포함되어 있다고 볼 수 없다.

141 무권대리인이 본인 소유의 부동산에 대해 자기의 이름으로 상대방에게 매도하는 ( )
계약을 체결한 경우에도 상대방이 선의·무과실이라면 표현대리가 성립할 수 있다.

➡ ✕ 표현대리도 무권대리이므로 대리인이 대리행위를 할 때 반드시 현명을 하여야 한다. 따라서 대리인이 현명을 하지 않은 경우에는 표현대리가 성립할 수 없다.

142 표현대리가 성립하더라도 상대방에게 과실이 있는 경우에는 과실상계의 법리를 ( )
적용하여 본인의 책임을 감경할 수 있다.

➡ ✕ 표현대리가 성립하는 경우 본인은 표현대리행위에 기하여 전적인 책임을 져야 하므로, 상대방에게 과실이 있다고 하더라도 과실상계의 법리를 유추적용하여 본인의 책임을 감경할 수는 없다.

143 본인이 타인에게 대리권을 수여하지 않았지만 수여하였다고 상대방에게 통보한 ( )
경우에는, 그 타인이 통보받은 상대방 외의 자와 본인을 대리하여 행위를 한 때에도 제125조의 대리권수여의 표시에 의한 표현대리가 성립한다.

➡ ✕ 제125조의 대리권수여의 표시에 의한 표현대리는 대리권수여의 통지를 받은 상대방과의 사이에서 대리행위가 이루어진 경우에 한하여 적용된다. 본인이 타인에게 대리권을 수여하지 않았지만 수여하였다고 상대방에게 통보한 경우, 그 타인이 통보받은 상대방 외의 자와 본인을 대리하여 행위를 한 때에는 제125조의 대리권수여의 표시에 의한 표현대리가 성립하지 않는다.

144 기본대리권이 처음부터 존재하지 않는 경우에도 제126조의 권한을 넘은 표현대 ( )
리가 성립할 수 있다.

➡ ✕ 권한을 넘은 표현대리가 성립하기 위해서는 대리인에게 기본대리권이 있어야 한다. 따라서 처음부터 기본대리권이 없는 경우에는 권한을 넘은 표현대리가 성립할 수 없다.

145 제126조의 권한을 넘은 표현대리에 있어서, 복임권이 없는 대리인이 선임한 복대　(　)
리인의 권한은 기본대리권이 될 수 없다.

➡ ✗ 복임권이 없는 대리인이 선임한 복대리인의 권한도 제126조의 기본대리권에 해당한다.

146 제125조의 표현대리권과 제129조의 표현대리권을 기본대리권으로 하여 제126　(　)
조의 권한을 넘은 표현대리가 성립할 수 있다.

➡ ○ 제125조의 표현대리에 있어서 무권대리인이 표시된 대리권의 범위를 넘는 대리행위를 한 경우에는 제126조의 표현대리가 성립하고, 제129조의 표현대리에 있어서 무권대리인이 소멸한 대리권의 범위를 넘는 대리행위를 한 경우에는 제126조의 표현대리가 성립한다.

147 제126조의 권한을 넘은 표현대리에 있어서, 상대방이 대리인에게 대리권이 있다　(　)
고 믿을 만한 정당한 이유가 있는지의 여부는 대리행위 당시를 기준으로 판단하
여야 한다.

➡ ○ 정당한 이유가 있는지의 여부는 대리행위 당시 존재하는 제반 사정을 객관적으로 판단하여 결정하여야 하고, 대리행위 이후의 사정은 고려해서는 안 된다.

148 甲은 乙에게 자신의 X토지에 대한 담보권설정의 대리권만을 수여하였으나, 乙은　(　)
X토지를 丙에게 매도하는 계약을 체결하였다. 만약 X토지가 토지거래허가구역
내에 있는 경우, 토지거래허가를 받지 못해 계약이 확정적 무효가 되더라도 표현
대리가 성립할 수 있다.

➡ ✗ 표현대리가 성립하기 위해서는 대리행위 자체는 일단 유효하여야 하므로 대리행위가 강행법규에 위반되어 무효인 경우에는 표현대리의 법리가 준용될 여지가 없다.

149 제129조의 대리권 소멸 후의 표현대리에 있어서, 존재하였던 대리권이 소멸한 것　(　)
과 소멸한 대리권의 범위 내에서 대리행위를 하였을 것에 대해서는 상대방이 주
장·입증하여야 한다.

➡ ○ 제129조의 대리권 소멸 후의 표현대리는, ① 존재하였던 대리권이 소멸할 것, ② 소멸한 대리권의 범위 내에서 대리행위를 할 것, ③ 상대방은 선의·무과실일 것, 이 세 가지 요건을 갖추었을 때 성립한다. 이 중 ①과 ②의 요건은 상대방이 주장·입증하여야 한다.

150 대리인이 대리권 소멸 후 복대리인을 선임하여 복대리인으로 하여금 상대방과 사　(　)
이에 대리행위를 하도록 한 경우에도 표현대리가 성립할 수 있다.

➡ ○ 대리인이 대리권 소멸 후 직접 상대방과 사이에 대리행위를 하는 경우는 물론 대리인이 대리권 소멸 후 복대리인을 선임하여 복대리인으로 하여금 상대방과 사이에 대리행위를 하도록 한 경우에도 표현대리가 성립할 수 있다.

19 법률행위의 무효

151 귀속재산이 아닌데도 공무원이 귀속재산이라고 하여 토지를 국가에 증여한 계약은 무효이다. ( )

➡ ✕ '무효'가 아니라 '취소'할 수 있는 경우이다(동기의 착오에서 동기가 상대방으로부터 제공된 경우).

152 무효인 법률행위에 따른 법률효과를 침해하는 것처럼 보이는 위법행위나 채무불이행이 있더라도 이를 이유로 손해배상을 청구할 수 없다. ( )

➡ ○ 무효의 경우에는 부당이득반환 청구만 할 수 있고 별도로 손해배상을 청구할 수는 없다. 무효인 법률행위는 처음부터 아무런 효력이 없으므로 법률상의 채무 지체가 존재하지 않는다. 따라서 이를 이행하지 않더라도 채무불이행이나 위법행위가 될 수 없으므로 이 이유로 손해배상을 청구하는 것은 허용되지 않는다.

153 법률행위의 일부분이 무효일 때, 그 나머지 부분의 유효성을 판단함에 있어 나머지 부분을 유효로 하려는 당사자의 가정적 의사는 고려되지 않는다. ( )

➡ ✕ 법률행위의 일부분이 무효인 때에는 그 전부를 무효로 한다. 그러나 그 무효부분이 없더라도 법률행위를 하였을 것이라고 인정될 때에는 나머지 부분은 무효가 되지 아니한다. 따라서 나머지 부분이 유효가 되기 위해서는 일단 유효한 부분과 무효인 부분을 나눌 수 있어야 하고(가분성), 무효부분이 없더라도 법률행위를 하였을 것이라고 인정되어야 한다(가상적 의사).

154 법률행위의 일부분에 취소사유가 있는 경우 그 법률행위가 가분적이고 나머지 부분만이라도 이를 유지하려는 당사자의 가상적 의사가 인정되는 경우에는 그 일부만을 취소할 수 있다. ( )

➡ ○ 일부무효의 법리가 일부취소의 경우에도 유추적용된다. 따라서 가분성과 가상적 의사가 인정되면 법률행위의 일부만을 취소할 수 있다.

155 매매계약 체결 시 토지의 일정부분을 매매대상에서 제외시키는 특약을 한 경우 그 특약만을 기망에 의한 법률행위로서 취소할 수 있다. ( )

➡ ✕ 이는 매매대상 토지를 특정하여 그 부분에 대해서는 매매계약이 체결되지 않았음을 분명히 한 것이므로 그 부분에 대해서는 아예 법률행위가 성립조차 한 바가 없으므로 그 특약만을 기망에 의한 법률행위로서 취소할 수는 없다.

156 무효행위의 전환규정은 법률행위로서 성립하지 않은 경우에는 적용될 수 없다. ( )

➡ ○ 무효는 법률행위의 성립요건은 갖추었으나 효력요건을 갖추지 못한 경우이고, 불성립은 법률행위의 성립요건조차 갖추지 못한 경우이므로 무효에 관한 규정을 불성립의 경우에 유추적용할 수 없다.

157 무효인 법률행위는 추인하여도 그 효력이 생기지 아니하나, 당사자가 그 무효임 ( )
을 알고 추인한 때에는 법률행위 성립 당시에 소급하여 새로운 법률행위를 한 것
으로 본다.

➡ ✗ 무효행위의 추인은 소급효가 아니라 장래효가 원칙이다. 따라서 '법률행위 성립 당시에 소급하여'가 아니라 '추인한 때로부터' 새로운 법률행위를 한 것으로 본다.

158 무효행위의 추인은 그 무효원인이 소멸한 후에 하여야 그 효력이 있으므로 반사 ( )
회적 법률행위와 불공정한 법률행위는 추인의 대상이 되지 않는다.

➡ ○ 반사회적 법률행위와 불공정한 법률행위는 무효의 원인을 소멸시킬 수 없으므로 무효행위의 추인규정에 의하여 무효인 법률행위를 유효하게 할 수 없다.

159 강행법규 위반으로 무효인 법률행위를 추인한 때에는 다른 정함이 없으면 그 법 ( )
률행위는 추인한 때로부터 유효한 법률행위로 된다.

➡ ✗ 무효행위의 추인은 무효원인이 소멸한 후에 하여야 하므로 강행법규 위반으로 무효인 법률행위에 대해서는 아예 무효행위의 추인이 인정되지 않는다. 따라서 강행법규 위반으로 무효인 법률행위를 추인하더라도 아무런 효력이 생기지 않는다.

160 무효인 가등기를 유효한 등기로 전용하기로 약정하면 그 가등기는 소급하여 유효 ( )
한 등기가 된다.

➡ ✗ 무효등기의 유용은 무효행위의 추인과 관계된 제도이고 무효행위의 추인은 장래효가 원칙이다. 따라서 무효인 가등기를 유효한 등기로 전용키로 한 약정은 유용하기로 한 때부터 유효한 등기로 되고 소급해서 유효한 등기로 전환될 수 없다.

20 토지거래허가구역 내의 토지거래계약

161 토지거래허가구역 내의 토지에 관하여 매매계약이 체결된 후 매도인이 매수인에 ( )
게 채무불이행을 이유로 계약해제 통지를 하자 매수인이 계약금 상당액을 청구금
액으로 하여 토지를 가압류한 경우, 토지매매계약은 확정적으로 무효가 된다.

➡ ○ 매도인이 계약을 해제하는 행위를 하고 매수인도 토지를 가압류했다면 이는 당사자 쌍방이 협력의무거절의사를 명백히 표시한 것으로 볼 수 있으므로 토지매매계약은 확정적 무효로 된다.

162 토지거래허가를 전제로 매매계약을 체결하였지만 매도인의 채무가 이행불능임이 ( )
명백하고 매수인도 거래의 존속을 바라지 않는 경우에는 매매계약은 확정적 무효
로 된다.

➡ ○ 매도인의 채무가 이행불능임이 명백하고 매수인도 거래의 존속을 바라지 않는다면 이는 당사자 쌍방이 허가신청 협력의무의 이행거절 의사를 명백히 표시한 경우에 해당하므로 위 토지매매계약은 확정적 무효로 된다.

163 관할관청의 허가를 전제로 토지거래허가구역 내의 토지에 대해 매매계약이 체결된 경우, 당사자 일방이 토지거래허가 신청절차에 협력할 의무를 이행하지 않는다면 다른 일방은 그 이행을 소구할 수 있다. ( )

➡ O 협력의무는 소구(訴求)할 수 있다.

164 토지거래허가를 전제로 체결한 토지거래계약이 허가구역 지정기간 만료 후 재지정이 없다면 그 토지거래계약은 확정적 유효로 된다. ( )

➡ O 지정기간 만료 후 재지정되지 않은 이유가 당해 토지는 더 이상 투기의 우려가 없는 것으로 판단한 것이므로 토지거래계약은 확정적 유효로 된다.

165 토지거래허가구역 내의 토지에 대해 처음부터 허가를 배제하거나 잠탈하는 내용의 계약이 체결된 후 허가구역 지정이 해제되거나 허가구역 지정기간 만료 이후 재지정을 하지 아니한 경우, 그 계약은 확정적 유효로 된다. ( )

➡ X 처음부터 허가를 배제하거나 잠탈하는 내용의 계약이므로 허가구역 지정이 해제되거나 허가구역 지정기간 만료 이후 재지정을 하지 아니한 경우에도 토지매매계약은 확정적 무효로 된다.

166 甲은 토지거래허가구역 내에 있는 그 소유 X토지에 관하여 허가를 전제로 乙과 매매계약을 체결하였다. 乙이 계약내용에 따른 채무를 이행하지 않은 경우, 甲은 이를 이유로 토지매매계약을 해제할 수 없으나 손해배상은 청구할 수 있다. ( )

➡ X 허가를 전제로 체결한 거래계약은 유동적 무효이고, 유동적 무효인 상태에서는 계약상의 채무에 대해 이행을 청구할 수 없다. 따라서 어느 일방이 채무를 이행하지 않더라도 채무불이행을 이유로 계약을 해제하거나 손해배상을 청구할 수 없다.

167 乙은 토지거래허가구역 내에 있는 甲 소유의 X토지를 1억원에 매수하기로 하고 매매계약을 체결하였다. 이 경우 甲은 乙의 대금지급채무의 변제 시까지 협력의무의 이행을 거절할 수 있다. ( )

➡ X 토지거래허가 신청절차협력의무와 매수인의 대금지급의무는 동시이행관계가 아니므로 매도인은 매수인이 매매대금을 지급할 때까지 토지거래허가신청절차에 대한 협력의무의 이행을 거절할 수 없다.

21 법률행위의 취소

168 어떤 법률행위를 한 당사자 쌍방이 각기 그 법률행위를 취소하는 의사표시를 하였으나 그 취소사유가 없는 경우 그 법률행위의 효력은 상실되지 않는다. ( )

➡ O 취소사유가 없으면 취소의 의사를 표시하더라도 취소의 효력이 생기지 않는다.

169 취소권자는 제한능력자, 착오로 인하거나 사기·강박에 의하여 의사표시를 한 자, 그의 대리인 또는 승계인이며, 취소의 상대방은 당해 취소할 수 있는 법률행위의 직접 상대방이다. ( )

➡ O 취소권자: 제한능력자, 착오·사기·강박에 의하여 의사표시를 한 자, 대리인, 승계인
취소의 상대방: 직접 상대방

170 제한능력자가 제한능력을 이유로 자신의 법률행위를 취소하기 위해서는 법정대리인의 동의를 받아야 한다. ( )

➡ X 제한능력자는 법정대리인의 동의 없이 단독으로 취소할 수 있다.

171 제한능력자는 취소할 수 있는 행위로 인하여 받은 이익이 현존하는 한도에서 상환할 책임이 있으며, 이는 의사무능력자도 같다. ( )

➡ O 제한능력자의 경우 현존이익 한도에서 반환하면 된다는 규정은 의사무능력자의 경우에도 유추적용되므로 의사무능력자도 이익이 현존하는 한도 내에서만 반환하면 된다.

172 미성년자 甲은 법정대리인 丙의 동의 없이 자신의 토지를 乙에게 매도하고 대금 수령과 동시에 소유권이전등기를 해 주었는데, 丙이 甲의 미성년을 이유로 계약을 적법하게 취소하였다. 이 경우 甲이 대금을 모두 생활비로 사용한 때에는 대금 전액을 반환할 필요가 없다. ( )

➡ X 매매대금을 생활비로 사용한 경우는 현존이익이 있는 경우이다. 따라서 매매대금을 모두 생활비로 사용한 때에는 대금 전액을 반환하여야 한다.

173 미성년자 甲은 법정대리인 丙의 동의 없이 자신의 X토지를 乙에게 매도하고 대금 수령과 동시에 소유권이전등기를 해 주었고, 乙이 선의의 丁에게 X토지를 전매하고 소유권이전등기를 경료해 준 후 丙이 매매계약을 취소하였다. 이 경우 丁은 X토지의 소유권을 취득하지 못한다. ( )

➡ O 제한능력을 이유로 한 취소는 절대적 취소이므로 취소로써 선의의 제3자에게도 대항할 수 있다. 따라서 丁은 선의이더라도 X토지의 소유권을 취득할 수 없다.

174 취소권은 취소할 수 있는 날로부터 3년 내에, 법률행위를 한 날로부터 10년 내에 행사하여야 한다. ( )

➡ X '취소할 수 있는 날'이 아니라 '추인할 수 있는 날'이다.

175 취소권은 추인할 수 있는 날로부터 3년 내에, 법률행위를 한 날로부터 10년 내에 소(訴)로써 행사하여야 한다. ( )

➡ ✗ 소(訴)로써 행사할 필요는 없다. 취소권은 재판상으로뿐만 아니라 재판 외에서도 행사할 수 있다.

176 취소할 수 있는 법률행위는 취소의 원인이 소멸되기 전에는 추인할 수 없으므로 법정대리인도 취소의 원인이 소멸되기 전에는 추인할 수 없다. ( )

➡ ✗ 취소의 원인이 소멸되기 전에 한 추인은 원칙적으로 효력이 없다. 다만, 법정대리인은 취소의 원인이 소멸되기 전이라도 추인할 수 있다.

177 제한능력자가 취소의 원인이 소멸된 후에 이의를 보류하지 않고 채무의 일부를 이행하면 추인한 것으로 본다. ( )

➡ ○ 취소권자가 취소의 원인이 소멸된 후에 이의를 보류하지 않고 채무의 전부나 일부를 이행하면 취소권을 포기한 것으로 보는데, 이를 법정추인이라 하고, 법정추인에 해당하므로 취소권을 포기한 것으로 본다.

178 취소권자의 상대방이 취소할 수 있는 행위로 취득한 권리의 전부나 일부를 양도하는 것은 법정추인에 해당하지 않는다. ( )

➡ ○ 취소할 수 있는 행위로 취득한 권리의 전부나 일부의 양도는 취소권자가 양도한 경우만 법정추인에 해당하고, 상대방이 양도한 것은 법정추인에 해당하지 않는다.

22 조건과 기한

179 조건이란 법률행위의 성립 여부를 장래의 불확실한 사실의 성부에 의존하게 하는 법률행위의 부관이다. ( )

➡ ✗ 조건은 법률행위로서 성립은 하였고 효력의 발생 또는 소멸을 장래의 불확실한 사실에 맡기는 것이다.

180 조건부 법률행위는 조건이 성취한 때로부터 효력이 발생하거나 소멸하므로, 당사자의 특약으로 조건성취의 효력을 조건성취 전으로 소급하게 할 수 없다. ( )

➡ ✗ 정지조건이 붙은 법률행위는 조건이 성취한 때로부터 효력이 발생하고, 해제조건이 붙은 법률행위는 조건이 성취한 때로부터 효력이 소멸한다. 그러나 당사자가 조건성취의 효력을 그 성취 전에 소급하게 할 의사를 표시한 때에는 그 의사에 의한다.

181 조건이 법률행위의 당시에 이미 성취할 수 없는 것인 경우에는 그 조건이 해제조건이면 그 법률행위는 무효로 한다. ( )

➡ ✕ 조건이 법률행위의 당시에 이미 성취할 수 없는 것인 경우를 불능조건이라 한다. 불능조건이 정지조건이면 그 법률행위는 무효로 하고, 불능조건이 해제조건이면 조건 없는 법률행위로 한다.

182 조건이 법률행위의 당시 이미 성취한 것인 경우에는 그 조건이 해제조건이면 그 법률행위는 무효로 한다. ( )

➡ ○ 기성조건이 해제조건이면 그 법률행위는 무효이다.

183 조건의 성취가 미정한 권리·의무는 일반규정에 의하여 처분, 상속, 보존 또는 담보로 할 수 있다. ( )

➡ ○ 조건부 권리는 현재의 권리이므로 조건성취 전에도 처분, 상속, 보존 또는 담보로 할 수 있다.

184 존속기간을 '임차인에게 매도할 때까지'로 정한 임대차계약은 원칙적으로 불확정기한부 임대차계약에 해당한다. ( )

➡ ✕ '불확정기한'이 아니고 '기한이 없는' 임대차계약에 해당한다.

185 당사자가 불확정한 사실이 발생한 때를 이행기로 정한 경우, 그 사실의 발생이 불가능하게 된 때에도 이행기는 도래한 것으로 보아야 한다. ( )

➡ ○ 당사자가 불확정한 사실이 발생한 때를 이행기로 정한 경우, 그 사실이 발생한 때는 물론 그 사실의 발생이 불가능하게 된 때에도 이행기는 도래한 것으로 보아야 한다.

186 기한이익 상실특약은 특별한 사정이 없으면 정지조건부 기한이익 상실특약으로 추정된다. ( )

➡ ✕ 기한이익 상실특약은 정지조건부 기한이익 상실특약으로 볼 만한 특별한 사정이 없는 한 형성권적 기한이익 상실특약으로 추정된다.

2일차 복습체크!

01 금전소비대차계약과 담보권설정계약을 체결할 대리권을 수여받은 대리인은 그 계약을 해제할 권한까지 가지는 것으로 _____.

02 매매위임장을 제시하고 자기의 이름으로 매매계약을 체결하는 자는 특별한 사정이 없는 한 본인을 _____ 하여 매매행위를 하는 것으로 보아야 한다.

03 대리인이 매도인의 배임행위에 적극가담하여 이루어진 부동산의 이중매매는 본인인 매수인이 그러한 사정을 몰랐더라도 반사회적 법률행위가 _____.

04 甲의 대리인 乙이 甲 소유의 부동산에 대해 丙과 매매계약을 체결하면서 丙에게 기망행위를 한 경우, 丙은 甲이 그 사실을 모른 경우에도 매매계약을 취소할 수 _____.

05 자신이 직접 처리할 필요가 없는 법률행위에 관하여 임의대리인은 본인의 명시적인 금지가 없는 경우에는 복대리인을 선임할 수 _____.

06 본인이 자신의 장남이 서류를 위조하여 매도한 부동산매매계약에 대해 10여 년간 아무런 이의를 제기하지 않았다면 장남의 무권대리행위를 묵시적으로 추인한 것으로 볼 수 _____.

07 대리권 없는 미성년자 乙이 甲을 대리하여 丙에게 甲 소유의 토지를 매도하였다. 이 경우 甲이 乙의 대리행위에 대해 추인을 거절한 때에는 丙은 乙에게 계약의 이행 또는 손해배상을 청구할 수 _____.

08 표현대리가 성립하고 상대방에게 과실이 있는 경우에 과실상계의 법리를 적용하여 본인의 책임을 감경할 수 _____.

> 정답 01 보지 않는다 02 대리 03 된다 04 있다 05 있다 06 없다 07 없다 08 없다

2일차 복습체크!

09 무효인 법률행위에 따른 법률효과를 침해하는 것처럼 보이는 위법행위나 채무불이행이 있을 때 이를 이유로 손해배상을 청구할 수 _____.

10 무효행위의 추인은 그 무효원인이 소멸한 후에 하여야 그 효력이 있으므로 반사회적 법률행위와 불공정한 법률행위는 추인의 대상이 _____.

11 토지거래허가를 전제로 체결한 토지거래계약이 허가구역 지정기간 만료 후 재지정이 없다면 그 토지거래계약은 _____로 된다.

12 제한능력자는 취소할 수 있는 행위로 인하여 받은 이익이 현존하는 한도에서 상환할 책임이 _____, 이는 의사무능력자도 같다.

13 조건이 법률행위의 당시 이미 성취한 것인 경우에는 그 조건이 해제조건이면 그 법률행위는 _____로 한다.

정답 **09** 없다 **10** 되지 않는다 **11** 확정적 유효 **12** 있으며 **13** 무효

핵심체크 3일차

PART 02 물권법

1 물권법 일반 ~ **15** 상린관계와 주위토지통행권

✓ 핵심체크 3일차

PART 02 물권법

1 물권법 일반

187 물권의 객체는 물건에 한하며, 권리에 대해서는 물권이 성립할 수 없다. ( )

➡ ✕ 권리에 대해서도 물권이 성립하는 경우가 있다. 예를 들어 지상권과 전세권을 목적으로 각각 저당권이 성립할 수 있다.

188 지역권은 저당권의 객체가 될 수 없으나, 등기된 임차권은 저당권의 객체가 될 수 있다. ( )

➡ ✕ 지상권과 전세권만 저당권의 객체로 될 수 있고, 지역권과 임차권은 저당권의 객체가 될 수 없다(등기된 임차권도 저당권의 객체 ✕).

189 제185조의 '법률'은 형식적 의미의 법률을 의미하고, 온천권과 근린공원이용권은 관습법상의 물권이 아니다. ( )

➡ ◯ 국회가 법률이라는 이름으로 제정한 것을 형식적 의미의 법률이라고 하고, 이러한 형식적 의미의 법률만이 물권창설의 근거가 될 수 있다. 또한 온천권, 사도통행권, 근린공원이용권, 미등기매수인의 법적 지위는 관습법상의 물권에 해당하지 않는다.

190 사도통행권은 관습법상의 물권에 해당하지 않으나, 부동산의 미등기매수인은 소유권에 준하는 관습법상의 물권을 취득한 것으로 볼 수 있다. ( )

➡ ✕ 사도통행권과 미등기매수인의 법적 지위는 관습법상의 물권에 해당하지 않는다.

191 소유권에 있어서 사용·수익권능이 소유자에게 존재하지 않는 경우도 허용될 수 있다. ( )

➡ ✕ 소유권의 핵심적 권능에 속하는 배타적인 사용·수익권능이 소유자에게 존재하지 않는 경우는 물권법정주의에 위반되므로 허용되지 않는다.

192 입목과 명인방법을 갖춘 수목의 집단은 각각 소유권과 저당권의 객체가 될 수 있다. ( )

➡ ✕ 입목(등기된 수목의 집단)은 소유권과 저당권의 객체가 될 수 있으나, 명인방법을 갖춘 수목의 집단은 소유권의 객체만 될 수 있다.

193 농지소유자의 승낙 없이 농작물을 경작한 경우 명인방법을 갖추어야만 토지와 별도로 독립된 소유권의 객체로 된다. ( )

➡ ✗ 명인방법을 갖추지 않아도 경작자의 소유가 된다.

194 甲의 토지를 乙이 임차하여 쪽파를 경작한 후 이를 수확하지 않은 채 丙에게 매도한 경우, 丙은 명인방법을 갖추지 않더라도 그 쪽파의 소유권을 취득한다. ( )

➡ ✗ 丙이 쪽파의 소유권을 취득하는 원인은 법률행위이므로 丙은 명인방법을 갖추어야 쪽파의 소유권을 취득한다.

2 물권적 청구권

195 물권적 청구권은 침해된 물권의 정당한 소지자가 현재 방해상태를 지배하는 자를 상대로 행사한다. ( )

➡ ○ 물권적 청구권의 주체는 침해된 물권의 정당한 소지자이며, 상대방은 현재 방해상태를 지배하는 자이다.

196 계약명의신탁에 있어서의 신탁자, 무허가·미등기건물의 양수인 및 부동산 점유취득시효 완성 후 등기하지 아니한 자는 소유권에 기한 물권적 청구권을 행사할 수 없다. ( )

➡ ○ 계약명의신탁에 있어서의 신탁자, 무허가·미등기건물의 양수인 및 부동산 점유취득시효 완성 후 등기하지 아니한 자는 소유자가 아니므로 소유권에 기한 물권적 청구권을 행사할 수 없다.

197 소유자는 물권적 청구권에 의하여 방해제거비용 또는 방해예방비용을 청구할 수 있다. ( )

➡ ✗ 물권적 청구권의 내용은 반환청구, 방해제거청구, 방해예방청구이다. 따라서 물권적 청구권에 의하여 방해제거비용 또는 방해예방비용을 청구할 수 없다.

198 소유권에 기한 방해배제청구권에 있어서 방해에는 과거에 이미 종결된 손해가 포함된다. ( )

➡ ✗ 소유권에 기한 방해제거청구권은 현재 계속되고 있는 방해의 원인을 제거하는 것만을 내용으로 한다.

199 甲의 토지에 乙이 무단으로 건물을 신축한 후 乙이 이를 미등기인 채로 丙에게 ( )
건물을 매도·인도한 경우에는 甲은 丙을 상대로 건물의 철거를 청구할 수 없다.

➡ ✕ 매매의 경우 철거청구의 상대방이 되기 위해서는 건물을 인도받기만 하면 되고 등기까지는 필요 없다. 따라서 甲은 丙을 상대로 건물의 철거를 청구할 수 있다.

200 甲의 토지에 乙이 무단으로 건물을 신축한 후 乙이 丙에게 건물을 임대차한 경우 ( )
에는 甲은 乙과 丙 모두를 상대로 건물의 철거를 청구할 수 있다.

➡ ✕ 건물철거청구는 건물에 대한 처분권한을 가진 자에게만 할 수 있다. 따라서 임차인 丙은 건물에 대한 처분권한이 없으므로 甲은 건물소유자이자 임대인인 乙에게만 건물철거청구를 할 수 있다.

201 甲의 토지에 乙이 무단으로 건물을 신축한 후 이를 丙에게 임대차한 경우, 甲은 ( )
丙을 상대로 건물에서 퇴거할 것을 청구할 수 없다.

➡ ✕ 甲은 乙에게 건물의 철거를 청구할 수 있으므로 丙에게 건물에서 퇴거할 것을 청구할 수 있다.

3 등기청구권

202 매매계약이 해제된 경우 매도인의 매수인에 대한 말소등기청구권은 채권적 청구 ( )
권에 해당한다.

➡ ✕ '채권적 청구권'이 아니라 '물권적 청구권'에 해당한다. 매매계약이 해제된 경우 소유권은 당연히 매도인에게 복귀하므로 매도인은 '소유권에 기한 물권적 청구권'을 행사하여 매수인의 소유권이전등기를 말소시킬 수 있다.

203 부동산의 매수인이 부동산을 인도받아 사용·수익하고 있다가 제3자에게 그 부동 ( )
산을 처분하고 점유를 승계하여 준 경우 소유권이전등기청구권이 곧바로 소멸하는 것은 아니나, 점유를 상실한 때로부터 소멸시효는 진행한다.

➡ ✕ 부동산의 매수인이 부동산을 인도받아 사용·수익하고 있다가 제3자에게 그 부동산을 처분하고 점유를 승계하여 준 경우에도 소유권이전등기청구권의 소멸시효는 진행하지 않는다.

204 부동산의 매수인이 부동산을 인도받아 사용·수익하고 있는 한 매수인의 등기청 ( )
구권은 소멸시효에 걸리지 않고, 매수인은 매도인의 동의가 없더라도 등기청구권을 제3자에게 양도할 수 있다.

➡ ✕ 매매로 인한 소유권이전등기청구권은 매매계약을 체결한 당사자 사이의 신뢰관계에 기초한 권리이므로 매도인의 동의가 없는 한 제3자에게 양도할 수 없다.

205 취득시효완성으로 점유자가 소유자에 대해 갖는 소유권이전등기청구권은 통상의 채권양도 법리에 따라 양도될 수 있다. ( )

→ O 취득시효의 완성을 원인으로 한 소유권이전등기청구권은 소유자와 시효완성자 사이의 신뢰관계에 기초해서 발생한 권리가 아니므로 소유자의 동의가 없어도 제3자에게 양도될 수 있다.

4 청구권보전의 가등기

206 청구권보전의 가등기에 기하여 본등기가 이루어진 경우 물권변동의 효력과 본등기의 순위는 가등기한 때로 소급한다. ( )

→ X 물권변동의 효력은 본등기한 때에 발생하고 본등기의 순위만 가등기한 때로 소급한다(이를 '순위보전의 효력'이라 함).

207 가등기에 기한 본등기를 마친 자는 가등기 이후에 부동산의 소유권을 취득한 제3자에 대하여 그동안의 사용·수익에 관하여 부당이득반환을 청구할 수 있다. ( )

→ X 가등기에 기한 본등기를 한 경우 물권변동의 효력은 본등기한 때에 발생하므로 가등기 이후에 부동산의 소유권을 취득한 제3자는 본등기가 경료되기 전까지 그 부동산을 적법하게 사용·수익할 수 있다. 따라서 이 경우에는 부당이득반환청구를 할 수 없다.

208 소유권이전청구권을 보전하기 위한 가등기에 기한 본등기를 청구하는 경우, 가등기 후 소유자가 변경되더라도 현재의 소유자가 아니라 가등기 당시의 소유자 상대로 하여야 한다. ( )

→ O 가등기에 기한 본등기 청구의 상대방은 가등기 당시의 소유자이다.

209 청구권보전의 가등기의 목적이 된 부동산을 매수한 사람이 그 뒤 가등기에 기한 본등기가 경료됨으로써 그 부동산의 소유권을 상실하게 된 때에는 전부 타인의 권리에 관한 담보책임(제570조)을 물을 수 있다. ( )

→ X '전부 타인의 권리에 관한 담보책임'(제570조)이 아니라 '저당권의 행사로 인한 담보책임'(제576조)을 물을 수 있다.

210 가등기 이후에 부동산을 취득한 제3자는 가등기에 기한 소유권이전등기청구권이 시효완성으로 소멸되었더라도, 가등기권자에 대하여 본등기청구권의 소멸시효를 주장하여 그 가등기의 말소를 청구할 수 없다. ( )

→ X 본등기청구권이 소멸시효의 완성으로 소멸하였으므로 가등기 이후에 부동산을 취득한 제3자는 가등기권자에 대하여 가등기의 말소를 청구할 수 있다.

5 등기의 추정력

211 대리인에 의해 매매계약을 원인으로 소유권이전등기가 이루어졌더라도, 소유권을 취득하고자 하는 현 등기명의인이 대리인에게 대리권이 존재하였음을 입증하여야 한다. ( )

➡ ✕ 이 경우에는 소유권의 존재뿐만 아니라 대리권의 존재도 추정되므로 전 등기명의인이 그 대리인에게 대리권이 없음을 입증하여야 한다.

212 甲이 소유자로 등기되어 있는 부동산에 대해 매매를 원인으로 乙에게 소유권이전등기가 된 경우, 乙에게 소유권이 있는 것으로 추정되나, 등기원인과 등기절차의 적법성은 추정되지 않는다. ( )

➡ ✕ 소유권이전등기의 경우 소유권의 존재, 등기원인 및 등기절차의 적법성 모두 추정된다.

213 근저당권설정등기의 경우에는 근저당권의 존재뿐만 아니라 피담보채권을 성립시키는 법률행위의 존재도 추정된다. ( )

➡ ✕ 근저당권설정등기의 경우에는 근저당권의 존재뿐만 아니라 그에 상응하는 피담보채권의 존재도 추정된다. 그러나 기본계약(피담보채권을 성립시키는 법률행위)의 존재는 추정되지 않는다.

214 부동산에 관하여 소유권이전등기가 마쳐져 있는 경우 그 등기명의자는 제3자에 대하여서만 소유자로 추정될 뿐, 그 전 소유자에 대하여서는 적법한 등기원인에 의하여 소유권을 취득한 것으로 추정되지 않는다. ( )

➡ ✕ 등기의 추정력은 물권변동의 당사자 사이에서도 미친다. 따라서 부동산에 관하여 소유권이전등기가 마쳐져 있는 경우 그 등기명의자는 제3자에 대하여서뿐만 아니라, 그 전 소유자에 대하여서도 적법한 등기원인에 의하여 소유권을 취득한 것으로 추정된다.

215 사망자 명의로 신청하여 이루어진 소유권이전등기는 전혀 추정력이 인정되지 않는다. ( )

➡ ✕ 사망자 명의로 신청하여 이루어진 소유권이전등기는 원칙적으로는 추정력이 없으나, 등기의무자의 사망 전에 등기원인이 이미 존재한 상태에서 등기의무자의 사망 후 그로부터 소유권이전등기가 경료된 경우에는 추정력이 인정된다.

216 등기의무자의 사망 전에 등기원인이 이미 존재하더라도 등기의무자의 사망 후 그로부터 경료된 등기는 추정력이 없다. ( )

➡ ✕ 사망자 명의로 신청하여 이루어진 이전등기는 원칙적으로는 추정력이 없으나, 등기의무자의 사망 전에 등기원인이 이미 존재한 상태에서 등기의무자의 사망 후 그로부터 경료된 경우에는 추정력이 있다.

217 건물 소유권보존등기 명의자가 전(前) 소유자로부터 그 건물을 양수하였다고 주장 ( )
하는 경우, 전(前) 소유자가 양도사실을 부인하더라도 그 보존등기의 추정력은 깨
어지지 않는다.

➡ ✕ 보존등기는 추정력이 약하므로 소유권보존등기의 명의인이 부동산을 양수받은 것이라 주장하는데 전 소유자가 양도사실을 부인하는 경우에는 보존등기의 추정력은 깨진다.

218 등기부상의 명의인과 매도인이 동일인인 경우 그를 소유자로 믿고 그 부동산을 ( )
매수하여 점유하는 자는 특별한 사정이 없는 한 과실 없는 점유자에 해당한다.

➡ ○ 등기부상의 명의인과 매도인이 동일인이고 그에게 소유권이 있다고 믿은 경우에는 점유자의 점유는 선의·무과실의 점유에 해당한다.

6 중간생략등기

219 甲은 자신의 건물에 대해 乙과 매매계약을 체결하고, 乙은 이를 다시 丙에게 전매 ( )
하기로 계약을 체결하였다. 이 경우 甲·乙·丙 간에 중간생략등기의 합의가 없는
때에는 이미 丙 앞으로 중간생략등기가 경료되었더라도 그 등기는 무효이다.

➡ ✕ 중간생략등기의 합의가 없더라도 이미 丙 앞으로 중간생략등기가 경료된 경우, 그 등기는 실체적 권리관계에 부합하므로 유효하다.

220 토지거래허가구역 내의 토지거래계약에 있어서 중간생략등기의 합의하에 최초매 ( )
도인과 최종매수인을 매매당사자로 하는 토지거래허가를 받아 최초매도인으로부
터 최종매수인 앞으로 경료된 소유권이전등기는 실체적 권리관계에 부합하므로
유효하다.

➡ ✕ 토지거래허가규정이 효력법규이므로 이에 위반하여 이루어진 중간생략등기는 무효이다.

221 당사자들 사이의 중간생략등기의 합의는 결국 최초매도인과 최종매수인 사이에 ( )
매매계약이 체결되었다는 것을 의미한다.

➡ ✕ 중간생략등기의 합의는 최종매수인 앞으로 등기를 이전하는 것에 대하여 당사자들 모두 이의를 제기하지 않는다는 의미일 뿐 최초매도인과 최종매수인 사이에 매매계약이 체결되었다는 것을 의미하는 것은 아니다.

222 중간생략등기의 합의가 없는 경우에는 최종양수인은 중간자를 대위(代位)하여 최 ( )
초양도인에 대해 직접 자기 앞으로 소유권이전등기를 해 줄 것을 청구할 수 있다.

➡ ✕ 중간생략등기의 합의가 없는 경우에는 최종양수인은 최초양도인에 대해 직접 자기 명의로의 소유권이전등기를 청구할 수 없고 중간자를 대위(代位)하여 최초양도인에 대해 '중간자' 앞으로 소유권이전등기를 청구할 수 있다.

223 최종양수인이 중간자로부터 소유권이전등기청구권을 양도받은 경우에는 최초양 ( )
도인이 그 양도에 대하여 동의하지 않았더라도 최종양수인은 최초양도인에 대하
여 채권양도를 원인으로 소유권이전등기절차의 이행을 청구할 수 있다.

➡ ✕ 판례는 채권양도의 법리에 의한 등기청구를 부정한다. 즉, 최종양수인이 중간자로부터 소유권이전등기청구권을 양도받았다고 하더라도 최초양도인이 그 양도에 대하여 동의하지 않고 있다면 최종양수인은 최초양도인에 대하여 채권양도를 원인으로 하여 소유권이전등기절차의 이행을 청구할 수 없다.

224 매매로 인한 소유권이전등기청구권은 통상의 채권양도의 법리에 따라 양도할 수 ( )
있으나, 취득시효완성으로 인한 등기청구권은 통상의 채권양도의 법리에 따라 양
도할 수 없다.

➡ ✕ 매매로 인한 소유권이전등기청구권은 통상의 채권양도의 법리에 따라 양도할 수 없다. 그러나 취득시효완성으로 인한 등기청구권은 통상의 채권양도의 법리에 따라 양도할 수 있다.

7 부동산물권변동

225 부동산에 관한 법률행위로 인한 물권의 득실변경은 등기하여야 그 효력이 생기 ( )
고, 동산에 관한 물권의 양도는 그 동산을 인도하여야 효력이 생긴다.

➡ ○ 법률행위로 인한 부동산물권변동은 등기하여야 물권변동의 효력이 생기고, 법률행위로 인한 동산물권변동은 동산을 인도하여야 물권변동의 효력이 생긴다.

226 환매권의 행사로 매도인에게 소유권이 복귀하는 경우에는 이전등기를 필요로 하지 ( )
않는다.

➡ ✕ 환매권을 행사하면 두 번째 매매계약이 성립하므로 이 경우에는 소유권이전등기를 하여야 매도인에게 소유권이 복귀한다.

227 공유지분의 포기와 합유지분의 포기에 따른 물권변동의 효력은 등기를 요하지 아 ( )
니한다.

➡ ✕ 공유지분의 포기와 합유지분의 포기에 따른 물권변동의 효력은 제186조에 따라 등기하여야 한다.

228 상속, 공용징수, 판결, 경매 기타 법률의 규정에 의한 부동산에 관한 물권의 취득 ( )
과 처분은 등기를 요하지 아니한다.

➡ ✕ 취득 시에는 등기가 필요 없고 처분 시에는 등기가 필요하다.

229 제187조의 판결은 형성판결에 한하고, 물권변동의 효력은 판결 확정 시에 발생한다. ( )

➡ O 등기를 요하지 않는 판결은 오로지 형성판결에 한한다. 형성판결로는 공유물분할판결이 대표적이다. 그리고 판결이 확정된 때에 물권변동의 효력이 생긴다.

230 부동산소유권이전등기청구소송에서 원고의 승소판결이 확정된 경우에는 등기 없이도 물권변동의 효력이 발생한다. ( )

➡ X 이는 이행판결이므로 등기를 하여야 물권변동의 효력이 생긴다.

231 공유물분할청구소송에서 공유자 사이에 공유토지에 관한 현물분할의 협의가 이루어져 조정이 성립한 때에는 등기하지 않더라도 물권변동의 효력이 발생한다. ( )

➡ X 공유물분할청구소송 중 당사자 사이에 현물분할의 협의가 이루어진 경우에는 등기하여야 물권변동의 효력이 발생한다.

232 건물전세권이 법정갱신된 경우 전세권자는 등기 없이도 전세권설정자나 그 목적물을 취득한 제3자에 대하여 자신의 전세권을 주장할 수 있다. ( )

➡ O 건물전세권의 법정갱신은 법률규정에 의한 부동산물권변동이므로 전세권 갱신에 관한 등기를 필요로 하지 않는다. 따라서 전세권자는 등기 없이도 전세권설정자나 그 목적물을 취득한 제3자에 대하여 자신의 전세권을 주장할 수 있다.

233 피담보채권이 변제 기타 사유로 소멸하더라도 말소등기를 하여야 저당권이 소멸한다. ( )

➡ X 주된 권리인 피담보채권이 소멸한 경우에는 종된 권리인 저당권은 말소등기 없이도 당연히 소멸한다.

234 20년간 소유의 의사로 평온, 공연하게 부동산을 점유하는 자는 등기하지 않아도 그 소유권을 취득한다. ( )

➡ X 점유취득시효는 제187조의 예외로서 등기하여야 물권을 취득할 수 있다.

235 건축주의 사정으로 건축공사가 중단된 경우, 그 중단된 시점에 독립한 건물이라고 볼 수 있는 형태와 구조를 갖추었더라도 건물을 인도받아 나머지 공사를 완료한 자가 건물의 소유권을 취득한다. ( )

➡ X 공사가 중단된 시점에 독립한 건물이라고 볼 수 있는 형태와 구조를 갖추지 못한 경우에는 완공자가 소유권을 취득하나, 공사가 중단된 시점에 독립한 건물이라고 볼 수 있는 형태와 구조를 갖춘 경우에는 원래의 건축주가 소유권을 취득한다.

8 물권의 소멸

236 乙이 甲의 토지 위에 지상권을 설정받고, 丙이 그 지상권 위에 저당권을 취득한 ( )
후 乙이 甲으로부터 그 토지를 매수한 경우, 乙의 지상권은 소멸한다.

➡ ✕ 지상권이 저당권의 목적이 된 때에는 지상권자가 토지소유권을 취득하더라도 저당권자의 이익보호를 위하여 지상권은 소멸하지 않는다.

237 甲의 토지 위에 乙이 1번 저당권, 丙이 2번 저당권을 가지고 있다가 乙이 증여를 ( )
받아 토지소유권을 취득하면 1번 저당권은 소멸한다.

➡ ○ 1번 저당권자가 저당물에 대한 소유권을 매매(피담보채무를 인수하지 않은 경우에 한함), 본인의 이익보호를 위하여 증여 또는 교환(피담보채무를 인수하지 않은 경우에 한함)을 원인으로 취득한 경우에는 1번 저당권은 소멸하지 않는다.

9 점유의 종류

238 「주택임대차보호법」상의 대항요건인 인도(引渡)는 임차인이 주택의 간접점유를 ( )
취득하는 경우에도 인정될 수 있다.

➡ ○ 「주택임대차보호법」상의 대항요건은 주택의 인도와 주민등록이다. 주택의 인도는 주택에 대해 점유를 취득하는 것인데, 이때의 점유는 직접점유뿐만 아니라 간접점유도 포함된다.

239 간접점유에 있어서 점유매개관계는 반드시 적법·유효하여야 한다. ( )

➡ ✕ 점유매개관계는 반드시 적법·유효할 필요가 없다.

240 직접점유자가 임의로 제3자에게 점유물을 양도한 경우, 간접점유자는 그 제3자 ( )
에게 점유물반환청구를 할 수 있다.

➡ ✕ 직접점유자가 임의로 제3자에게 점유물을 양도한 경우에는 간접점유자는 점유물반환청구를 할 수 없다.

241 자주점유인지의 여부는 점유취득의 원인이 된 권원의 성질에 의해 객관적으로 결 ( )
정한다.

➡ ○ 매매계약이면 매수인의 점유는 자주점유가 되고, 임대차계약이면 임차인의 점유가 타주점유가 되듯이 자주점유인지 타주점유인지는 점유취득의 원인이 된 권원의 성질에 의해 객관적으로 결정한다.

242 토지를 매수·취득하여 점유를 개시함에 있어 착오로 인접 토지의 일부를 자신이 (   )
매수·취득한 토지에 속하는 것으로 믿고 점유한 매수인의 점유는 자주점유에 해
당한다.

➡ O 착오로 인접 토지의 일부를 자신이 매수·취득한 토지에 속하는 것으로 믿고 점유한 경우
는 소유의 의사가 있으므로 자주점유에 해당한다.

243 처분권한이 없는 자로부터 그 사실을 알면서 부동산을 매수하여 점유를 취득한 (   )
자는 타주점유에 해당한다.

➡ O 매수인의 점유는 원칙적으로 자주점유에 해당하나, 처분권한이 없는 자로부터 그 사실을
알면서 매수하여 점유를 취득한 경우에는 타주점유에 해당한다.

244 甲이 乙과의 명의신탁약정에 따라 자신의 부동산 소유권을 乙 명의로 등기한 경우, (   )
乙의 점유는 자주점유이다.

➡ X 명의신탁의 경우 수탁자는 소유권등기만 가지고 있을 뿐 실질적으로 소유자로서의 모든
권리행사는 신탁자가 한다. 따라서 수탁자는 소유의 의사가 없으므로 타주점유에 해당
한다.

10 점유의 추정

245 점유자는 소유의 의사로 평온, 공연하게 선의이며 과실 없이 점유한 것으로 추정 (   )
한다.

➡ X 무과실은 추정되지 않는다.

246 소유자가 제기한 소송에서 점유자가 패소한 경우 점유자는 소제기 시부터 타주점 (   )
유자로 되고, 패소판결 확정 시부터 악의의 점유자로 된다.

➡ X 패소판결 확정 시부터 타주점유자로 되고, 소제기 시부터 악의의 점유자로 된다.

247 점유자가 스스로 매매 또는 증여와 같은 자주점유의 권원을 주장하였으나 이것이 (   )
인정되지 않은 경우에는 자주점유의 추정이 번복된다.

➡ X 점유자가 스스로 자주점유의 권원을 주장하였으나 이것이 인정되지 않는 경우라도 자주
점유의 추정이 번복되지 않는다.

248 점유계속의 추정에 관한 규정은 동일인이 전후 양 시점에 점유한 사실이 있는 때 (   )
에만 적용되므로, 전후 양 시점의 점유자가 다른 경우에는 점유의 승계가 인정되
더라도 적용되지 않는다.

➡ X 전후 양 시점에 점유한 사실만 있으면 점유계속이 추정되므로, 점유의 승계가 인정되는 경
우에는 전후 양 시점의 점유자가 다른 때에도 점유계속 사실은 추정된다.

249 점유의 권리적법 추정력에 관한 제200조는 오직 동산에 한하여 적용되며, 소유 ( )
자와 그로부터 점유를 취득한 자 사이에는 적용되지 않는다.

→ O 제200조는 점유하고 있으면 본권이 있는 것으로 추정된다는 내용인데, 추정의 범위가 매우 좁다. 일단 제200조는 오직 동산에만 적용되고 부동산에는 적용되지 않는다. 그리고 제200조는 점유자와 제3자 사이에는 적용되지만, 소유자와 그로부터 점유를 취득한 자 사이에는 적용되지 않는다.

250 점유자의 특정승계인이 자기의 점유와 전(前) 점유자의 점유를 아울러 주장하는 ( )
경우, 그 하자도 승계한다.

→ O 전 점유자의 점유를 아울러 주장하는 것을 '점유의 병합'이라 하는데, 이 경우에는 전 점유자의 점유의 하자를 승계한다.

251 점유의 승계가 있는 경우, 전 점유자의 점유가 타주점유라면 현 점유자가 자기의 ( )
점유만을 주장하더라도 자주점유로 추정되지 않는다.

→ X 전 점유자의 점유가 타주점유이더라도 현 점유자가 점유의 분리를 주장하는 경우에는 자주점유로 추정된다.

11 점유자와 회복자의 관계

252 점유자는 선의·악의를 불문하고 점유물의 과실을 취득할 수 있고, 과실을 취득할 ( )
수 있는 범위 내에서 부당이득은 성립하지 않는다.

→ X 선의의 점유자만 점유물의 과실을 취득할 수 있다. 그리고 과실을 취득할 수 있는 범위 내에서 부당이득은 성립하지 않는다.

253 과실취득권이 있는 본권을 오신한 점유자는 점유물로부터 생긴 과실을 취득할 수 ( )
있다.

→ O 점유자가 점유물의 과실을 취득하기 위해서는 과실취득권이 있는 본권을 오신하여야 한다.

254 선의점유자는 점유물의 과실(果實)을 취득할 수 있으므로, 점유를 취득함에 있어 ( )
과실(過失)이 있는 경우에도 회복자에 대하여 불법행위로 인한 손해배상책임을
지지 않는다.

→ X 선의점유자에게 과실취득권이 인정되더라도 점유를 취득함에 있어 과실(過失)이 있는 경우에는 회복자에 대하여 불법행위로 인한 손해배상책임을 진다.

255 악의의 점유자는 받은 이익에 이자를 붙여 반환하고 그 이자의 이행지체로 인한 ( )
지연손해금까지 지급하여야 한다.

→ O 악의의 점유자가 사용이익을 반환하는 경우 받은 이익에 이자까지 붙여 반환하여야 하고, 이자의 이행지체로 인한 지연손해금도 함께 지급하여야 한다.

256 악의의 점유자는 과실(過失) 없이 점유물의 과실(果實)을 수취하지 못한 경우에도 그 과실(果實)의 대가를 보상하여야 한다. ( )

➡ ✕ 악의의 점유자가 '과실(過失)로 인하여' 점유물의 과실(果實)을 수취하지 못한 경우에 그 과실(果實)의 대가를 보상하여야 한다.

257 과실취득권이 없는 악의의 점유자는 점유물에 지출한 통상의 필요비의 상환을 청구할 수 있다. ( )

➡ ○ 점유자가 과실을 취득한 경우에는 통상의 필요비는 청구하지 못하는데, 이는 선의의 점유자에게만 적용된다. 즉, 선의의 점유자가 점유물의 과실을 취득한 경우에는 통상의 필요비를 청구하지 못한다. 따라서 과실취득권이 없는 악의의 점유자는 점유물에 지출한 통상의 필요비의 상환을 청구할 수 있다.

258 이행지체로 인해 매매계약이 해제된 경우, 선의의 점유자인 매수인에게 과실취득권이 인정된다. ( )

➡ ✕ 계약해제로 인한 원상회복의무는 부당이득반환의무의 특칙에 해당하므로, 해제로 인한 원상회복의 범위는 이익의 현존 여부나 신의·악의에 불문하고 특단의 사유가 없는 한 받은 이익의 전부이다. 따라서 이행지체로 인해 매매계약이 해제된 경우, 선의의 점유자인 매수인은 과실을 반환하여야 한다.

259 점유물이 점유자의 책임 있는 사유로 인하여 멸실 또는 훼손한 경우 선의의 자주점유자는 이익이 현존하는 한도에서 배상하면 된다. ( )

➡ ○ 점유물이 점유자의 책임 있는 사유로 인하여 멸실 또는 훼손한 때에는 악의의 점유자는 그 손해의 전부를 배상하여야 하며 선의의 점유자는 이익이 현존하는 한도에서 배상하여야 한다. 소유의 의사가 없는 점유자는 선의인 경우에도 손해의 전부를 배상하여야 한다. 따라서 선의의 자주점유자는 현존이익 한도에서 반환하면 된다.

260 비용상환청구권은 선의의 점유자에게만 인정되고 악의의 점유자에게는 인정되지 않는다. ( )

➡ ✕ 비용상환청구권은 점유자의 선의·악의를 불문하고 인정된다.

261 점유자가 점유물을 개량하기 위하여 지출한 금액 기타 유익비에 관하여는 그 가액의 증가가 현존한 경우에 한하여 자신의 선택에 좇아 그 지출금액이나 증가액의 상환을 청구할 수 있다. ( )

➡ ✕ '자신의 선택에 좇아'가 아니라 '회복자의 선택에 좇아'이다.

262 점유자가 필요비를 지출한 경우, 그 가액의 증가가 현존한 경우에 한하여 상환을 청구할 수 있고, 법원은 회복자의 청구에 의하여 상당한 상환기간을 허여할 수 있다. ( )

➡ ✕ 필요비는 가액의 증가가 현존하지 않아도 청구할 수 있고, 필요비에 대해서는 법원이 상환기간을 허여할 수 없다.

263 회복자가 소유권이전등기의 말소만을 구하는 경우에도 점유자는 비용상환청구권 ( )
으로 유치권 항변을 할 수 있다.

➡ ✕ 점유자의 비용상환청구권은 점유자가 점유물을 반환할 때 또는 회복자로부터 점유물반환청구를 받은 때에 발생한다. 따라서 회복자가 소유권이전등기의 말소만을 구하는 경우에는 아직 비용상환청구권이 발생하지 않으므로 점유자는 유치권 항변을 할 수 없다.

264 무효인 매매계약의 매수인이 점유목적물에 필요비 등을 지출한 후 매도인이 그 ( )
목적물을 제3자에게 양도한 경우, 점유자인 매수인은 양수인에게 비용상환을 청구할 수 있다.

➡ ○ 점유자의 비용상환청구권은 점유회복 당시의 소유자에게 행사하는 것이다. 따라서 위의 경우에는 점유자인 매수인은 현재의 소유자인 양수인에게 비용상환을 청구할 수 있다.

265 甲은 자기 소유의 건물을 乙에게 보증금 4억원에 임대하였다. 임대차기간 중 乙 ( )
은 건물에 유지비 2백만원, 개량비 8백만원을 지출하였고, 그 후 甲은 임대인의 지위를 승계시키지 않은 채 건물을 丙에게 양도하였다. 丙이 乙에게 건물의 반환을 청구하는 경우, 乙은 丙에게 점유자의 비용상환청구권(제203조)에 의하여 비용의 상환을 청구할 수 있다.

➡ ✕ 점유자의 비용상환청구권에 관한 규정은 제203조이고, 임차인의 비용상환청구권에 관한 규정은 제626조이다. 점유자의 비용상환청구권(제203조)은 점유물을 반환하는 때(회복자로부터 점유물의 반환청구를 받은 때)에, 점유 회복 당시의 소유자에게 행사하는 것이다. 한편 임차인의 비용상환청구권(제626조)은 필요비는 즉시, 유익비는 임대차 종료 시에 각각 임대인에게 행사하는 것이다. 그리고 제203조는 일반법에 해당하고 제626조는 특별법에 해당한다. 따라서 임차인은 오로지 제626조를 근거로 임대인에게만 비용상환을 청구할 수 있을 뿐 제203조를 근거로 현재의 소유자에게 비용상환청구를 할 수 없다.

12 점유보호청구권

266 甲이 점유하고 있는 X물건을 乙이 침탈한 경우, 甲은 침탈사실을 안 날로부터 1 ( )
년 내에 점유물반환청구를 하여야 하며, 이는 출소기간이다.

➡ ✕ '침탈사실을 안 날'로부터가 아니라 '침탈당한 날'로부터이다.

267 점유자가 상대방의 사기에 의해 물건을 인도한 경우 점유침탈을 이유로 점유물반 ( )
환청구권을 행사할 수 없다.

➡ ○ 점유물반환청구권을 행사하기 위해서는 점유를 침탈당해야 한다. '점유의 침탈'이란 점유자의 의사에 반하여 물건을 가져가는 것을 말한다. 그런데 사기는 기망행위에 의하여 점유자가 스스로 자신의 의사에 기해서 물건을 건네주는 경우이므로 이는 점유의 침탈에 해당하지 않는다. 따라서 이 경우에는 점유물반환청구권을 행사할 수 없다.

268 甲이 점유하고 있는 X물건을 乙이 침탈한 후 이를 선의의 丙에게 X물건을 매도·인도한 경우, 甲은 丙에 대하여 점유물반환청구권을 행사할 수 없다. ( )

➡ O 점유물반환청구는 침탈자의 특별승계인이 악의인 경우에만 할 수 있다. 따라서 甲은 선의의 丙에 대하여 점유물반환청구를 할 수 없다.

269 점유자가 점유의 방해를 받은 때에는 방해행위가 종료한 날로부터 1년 내에 소로써 방해의 제거 및 손해의 배상을 청구할 수 있다. ( )

➡ O 점유의 방해를 받은 경우에는 방해제거청구권과 손해배상청구권을 함께 행사할 수 있다. 그리고 이 두 권리는 방해행위가 종료한 날로부터 1년 내에 행사하여야 하고, 이때의 '1년'은 출소(出訴)기간에 해당하므로 반드시 소를 제기하는 방법으로 권리행사를 하여야 한다.

270 점유의 방해를 받은 점유자는 방해의 제거 및 손해의 배상을 청구할 수 있으나, 손해배상을 청구하려면 방해자의 고의나 과실이 있어야 한다. ( )

➡ O 물권적 청구권의 경우에는 상대방의 고의·과실이 필요 없으나, 불법행위로 인한 손해배상청구의 경우에는 가해자에게 고의·과실이 있어야 한다.

271 점유자가 점유의 방해를 받을 염려가 있는 때에는 그 방해의 예방 및 손해배상의 담보를 청구할 수 있다. ( )

➡ X '및'이 아니라 '또는'이다. 점유자가 점유의 방해를 받을 염려가 있는 때에는 방해예방청구를 하거나 아니면 손해배상의 담보를 청구하여야 한다. 방해예방청구권과 손해배상의 담보청구권 모두 물권적 청구권이므로 양자를 함께 행사하는 것은 허용되지 않는다.

272 점유의 소와 본권의 소는 서로 영향을 미치므로 점유권에 기인한 소는 본권에 관한 이유로 재판할 수 있다. ( )

➡ X 점유의 소와 본권의 소는 전혀 별개이므로 서로 영향을 미치지 아니하고, 점유권에 기인한 소는 본권에 관한 이유로 재판하지 못한다.

13 소유권 일반

273 소유권의 객체는 물건에 한하므로 아파트분양권은 소유권의 객체가 되지 않는다. ( )

➡ O 소유권의 객체는 물건에 한한다. 따라서 아파트분양권은 권리이므로 이에 대해서는 소유권이 성립할 수 없다.

274 토지소유권의 범위는 지적공부상 경계에 의하여 확정되는 것이 원칙이나, 기술적인 착오로 말미암아 지적도상의 경계선이 진실한 경계선과 다르게 작성된 경우에는 실제의 경계에 의하여야 한다. ( )

➡ O 실제 경계와 지적공부상의 경계가 다른 경우에는 지적공부상의 경계를 기준으로 토지소유권의 범위를 확정하는 것이 원칙이다. 그러나 지적도를 작성하면서 기점을 잘못 선택하는 등 기술적인 착오로 말미암아 지적도상의 경계선이 진실한 경계선과 다르게 작성된 경우에는 토지의 경계는 실제의 경계에 의하여야 한다.

275 토지소유자와 사용대차계약을 맺은 사용차주가 자신 소유의 수목을 그 토지에 식재한 경우, 그 수목의 소유권자는 여전히 사용차주이다. ( )

➡ O 사용대차권에 기해 수목을 심은 경우이므로 수목의 소유권은 사용차주에게 있다.

276 매도인에게 소유권이 유보된 시멘트를 매수인이 제3자 소유의 건물 건축공사에 사용한 경우, 그 제3자가 매도인의 소유권 유보에 대해 악의인 경우에는 시멘트는 건물에 부합하지 않는다. ( )

➡ X 소유권 유보사실에 대한 제3자의 선의·악의를 불문하고 시멘트는 건물에 부합한다.

277 임차인이 임차한 건물에 그 권원에 의하여 증축한 부분이 구조상·이용상으로 기존건물과 구분되는 독립성이 있는 경우 그 증축부분은 독립한 소유권의 객체가 될 수 있다. ( )

➡ O 증축한 부분이 독립성이 있으므로 임차인이 증축부분의 소유권을 취득한다.

278 건물에 부합된 증축부분이 경매절차에서 경매목적물로 평가되지 않은 때에는 경락인은 그 소유권을 취득하지 못한다. ( )

➡ X 독립성이 없는 증축부분에는 저당권의 효력이 미친다. 따라서 기존 건물에 부합된 증축부분이 기존 건물에 대한 경매절차에서 경매목적물로 평가되지 아니한 경우라도 경락인은 증축부분의 소유권을 취득한다.

14 소유권에 기한 물권적 청구권

279 건물을 신축하여 그 소유권을 원시취득한 자로부터 그 건물을 매수하였으나 아직 ( )
소유권이전등기를 갖추지 못한 자도 그 건물의 불법점유자에 대하여 소유권에 기한 방해제거청구를 할 수 있다.

➡ × 아직 소유권이전등기를 갖추지 못했으므로 소유권에 기한 물권적 청구권은 행사할 수 없다.

280 매매계약의 이행으로 토지를 인도받은 매수인으로부터 다시 토지를 매수하여 점 ( )
유·사용하고 있는 자에 대하여는 소유물반환청구권을 행사할 수 없다.

➡ ○ 소유권에 기한 반환청구는 소유자가 '점유할 정당한 권리가 없는' 점유자에게 하는 것이다. 따라서 매매계약의 이행으로 토지를 인도받은 매수인과 그로부터 전매하여 토지를 인도받은 매수인은 각각 토지를 점유할 정당한 권리가 있으므로 소유자는 소유권에 기한 반환청구를 할 수 없다.

281 소유권이전등기를 경료받기 전에 토지를 인도받은 매수인으로부터 대물변제약정 ( )
에 의하여 토지소유권을 이전받게 되는 자가 이미 당해 토지를 점유·사용하고 있는 경우에는 토지소유자는 소유권에 기한 반환청구권을 행사할 수 없다.

➡ ○ 소유권에 기한 반환청구는 소유자가 점유할 정당한 권리가 없는 점유자에게 하는 것이다. 따라서 매수인으로부터 대물변제약정에 의하여 토지를 인도받아 점유·사용하는 자는 토지를 점유할 정당한 권리가 있는 점유자이므로 토지소유자는 소유권에 기한 반환청구권을 행사할 수 없다.

282 乙은 丙의 토지 위에 있는 甲 소유의 X건물을 매수하여 대금완납 후 그 건물을 ( )
인도받고 등기서류를 교부받았지만, 아직 이전등기를 마치지 않았다. 이때 乙로부터 X건물을 다시 매수하여 점유·사용하고 있는 丁에 대하여 甲은 소유권에 기한 건물반환청구를 할 수 없다.

➡ ○ 소유권에 기한 반환청구는 소유자가 점유할 정당한 권리가 없는 점유자에게 하는 것이다. 따라서 乙로부터 X건물을 다시 매수하여 점유·사용하고 있는 丁은 건물을 점유할 정당한 권리가 있는 점유자이므로 甲은 丁에게 소유권에 기한 건물반환청구를 할 수 없다.

15 상린관계와 주위토지통행권

283 인접지의 수목가지와 뿌리가 경계를 넘은 때에는 임의로 제거할 수 있다. ( )

➡ ✗ 인접지의 수목가지가 경계를 넘은 때에는 그 소유자에게 제거를 청구할 수 있고, 제거청구에 응하지 아니할 경우 청구자가 제거할 수 있다. 그러나 인접지의 수목뿌리가 경계를 넘은 경우에는 임의로 제거할 수 있다.

284 건물을 축조함에는 특별한 관습이 없으면 경계로부터 건물의 외벽까지 반미터 이상의 거리를 두어야 한다. ( )

➡ ✗ 건물을 축조함에는 특별한 관습이 없으면 경계로부터 반미터 이상의 거리를 두어야 하는데, 이때 '경계로부터 반미터'는 경계로부터 건물의 외벽까지의 거리를 의미하는 것이 아니라 경계로부터 건물의 가장 돌출된 부분까지의 거리를 말한다.

285 甲이 인접한 乙 소유 대지와의 경계로부터 반미터 이상의 거리를 두지 않고 건물을 완성한 경우, 乙은 甲에게 건물의 철거를 청구할 수 있다. ( )

➡ ✗ 건물을 축조함에는 특별한 관습이 없으면 경계로부터 반미터 이상의 거리를 두어야 한다. 그러나 건축착수 후 1년이 경과하거나 건물이 완성된 때에는 건물의 철거를 청구할 수 없고 손해배상청구만 청구할 수 있다.

286 서로 인접한 토지에 통상의 경계표를 설치하는 경우, 측량비용을 포함한 설치비용은 다른 관습이 없으면 쌍방이 절반하여 부담한다. ( )

➡ ✗ 인접한 토지소유자는 통상의 경계표나 담을 설치할 수 있다. 이때 경계표·담의 설치비용은 쌍방이 절반하여 부담한다. 그러나 측량비용은 토지의 면적에 비례하여 부담한다.

287 토지의 분할로 무상의 주위토지통행권을 취득한 분할토지의 소유자가 그 토지를 양도한 경우, 양수인에게도 무상의 주위토지통행권이 인정된다. ( )

➡ ✗ 분할로 인하여 공로에 통하지 못하는 토지가 있는 경우 그 토지소유자는 공로에 출입하기 위하여 다른 분할자의 토지를 통행할 수 있다. 이 경우에는 보상의 의무가 없다. 또한 토지소유자가 토지의 일부를 양도하여 공로에 통하지 못하는 토지가 있는 경우 그 토지소유자는 공로에 출입하기 위하여 토지의 일부를 양도한 소유자의 토지를 통행할 수 있다. 이 경우에도 보상의 의무가 없다. 그런데 이러한 무상통행권은 토지의 직접 분할자 또는 일부양도의 당사자 사이에만 적용된다. 따라서 분할토지의 소유자가 그 토지를 양도한 경우, 양수인에게는 무상의 주위토지통행권이 인정되지 않는다.

288 「건축법」에 건축과 관련하여 도로에 관한 폭 등의 제한규정이 있는 경우에는 이와 일치하는 주위토지통행권이 곧바로 인정된다. ( )

➡ ✗ 「건축법」에 건축과 관련하여 도로에 관한 폭 등의 제한규정이 있다 하더라도 이는 건물신축이나 증·개축 허가 시 그와 같은 범위의 도로가 필요하다는 행정법규에 불과할 뿐이다. 따라서 이 규정만으로 당연히 포위된 토지소유자에게 그 반사적 이익으로서 「건축법」에서 정하는 도로의 폭이나 면적 등과 일치하는 주위토지통행권이 바로 생긴다고 할 수 없다.

289 주위토지통행권이 발생하였다 하더라도 나중에 그 토지에 접하는 공로가 개설된 경우에는 주위토지통행권이 소멸한다. ( )

➡ O 공로가 개설되어서 충분히 공로로 나갈 수 있는 통로가 만들어졌으므로 일단 발생했던 주위토지통행권은 소멸한다.

290 주위토지소유자는 주위토지통행권자의 허락을 얻어 사실상 통행하고 있는 자에 대하여 손해의 보상을 청구할 수 있다. ( )

➡ X 주위토지소유자는 주위토지통행권자에게 손해의 보상을 청구할 수 있으므로 주위토지통행권자의 허락을 얻어 사실상 통행하고 있는 자에 대하여 손해의 보상을 청구할 수 없다.

291 주위토지통행권은 현재의 토지의 용법에 따른 이용의 범위에 한정되지 않고, 장래의 이용상황까지 미리 대비하여 통행권의 범위를 정할 수 있다. ( )

➡ X 주위토지통행권은 현재의 토지의 용법에 따른 이용의 범위에서만 인정되므로 장래의 이용상황까지 미리 대비하여 통행권의 범위를 정할 수 없다.

3일차 복습체크!

01 제185조의 '법률'은 형식적 의미의 법률을 의미하고, 온천권과 근린공원이용권은 관습법상의 물권이 _____.

02 소유자는 물권적 청구권에 의하여 방해제거비용 또는 방해예방비용을 청구할 수 _____.

03 취득시효완성으로 점유자가 소유자에 대해 갖는 소유권이전등기청구권은 통상의 채권양도 법리에 따라 양도될 수 _____.

04 가등기에 기한 본등기를 마친 자는 가등기 이후에 부동산의 소유권을 취득한 제3자에 대하여 그동안의 사용·수익에 관하여 부당이득반환을 청구할 수 _____.

05 근저당권설정등기의 경우에 피담보채권을 성립시키는 법률행위의 존재는 추정 _____.

06 중간생략등기의 합의가 없는 경우에는 최종양수인은 최초양도인에 대해 직접 자기 명의로의 소유권이전등기를 청구할 수 _____, 중간자를 대위(代位)하여 최초양도인에 대해 '중간자' 앞으로 소유권이전등기를 청구할 수 _____.

07 부동산소유권이전등기청구소송에서 원고의 승소판결이 확정된 경우에는 등기 없이 물권변동의 효력이 발생 _____.

08 직접점유자가 임의로 제3자에게 점유물을 양도한 경우, 간접점유자는 그 제3자에게 점유물 반환청구를 할 수 _____.

09 점유자가 스스로 매매 또는 증여와 같은 자주점유의 권원을 주장하였으나 이것이 인정되지 않은 경우에 자주점유의 추정이 번복 _____.

10 과실취득권이 없는 악의의 점유자는 점유물에 지출한 통상의 필요비의 상환을 청구할 수 _____.

정답 **01** 아니다 **02** 없다 **03** 있다 **04** 없다 **05** 되지 않는다 **06** 없고, 있다 **07** 하지 않는다 **08** 없다 **09** 되지 않는다 **10** 있다

핵심체크 4일차

PART 02 물권법

16 취득시효의 객체와 기산점 ~ **31** 근저당

✓ 핵심체크 4일차

16 취득시효의 객체와 기산점

292 국유일반재산과 성명불상자(姓名不詳者)의 토지는 취득시효의 대상이 될 수 있다. ( )

➡ O 국유재산은 원칙적으로 취득시효의 대상이 될 수 없으나, 국유일반재산은 취득시효의 대상이 될 수 있다. 그리고 성명불상자의 토지 역시 취득시효의 대상이 될 수 있다.

293 일반재산이던 당시에 취득시효가 완성된 후 그 일반재산이 행정재산으로 편입되었다면, 그 후 시효완성을 이유로 소유권이전등기를 청구할 수 없다. ( )

➡ O 일반재산이 다시 행정재산으로 편입된 경우에는 취득시효가 인정되지 않는다.

294 취득시효에 있어서 시효기간의 기산점은 점유개시 시가 원칙이나, 시효기간 중 소유자의 변동이 없는 경우에는 기산점을 역산할 수도 있고 임의로 선택할 수도 있다. ( )

➡ O 시효기간의 기산점은 점유개시 시가 원칙이다(역산 불가, 임의로 선택 불가). 그러나 시효기간 중 소유자의 변동이 없는 경우에는 어느 시점을 기준으로 하나 취득시효완성 당시의 소유자가 동일하게 되므로 역산할 수도 있고 기산점을 임의로 선택할 수도 있다.

295 시효기간 중 소유자의 변동이 있는 경우에는 다시 점유개시 시를 기준으로 하여야 하며, 재취득시효(2차의 취득시효)가 가능한 경우에는 소유권변동시점을 새로운 기산점으로 할 수 있다. ( )

➡ O 시효기간 중 소유자의 변동이 있는 경우에는 다시 원칙으로 돌아가 점유개시 시를 기준으로 하여야 한다. 그리고 취득시효완성 후 소유자의 변동이 있더라도 당초의 점유자가 계속 점유하고 있고 소유자가 변동된 시점을 새로운 기산점으로 삼아도 다시 취득시효기간이 완성하는 경우(이를 '재취득시효' 또는 '2차의 취득시효'라 함)에는 소유권변동시점을 새로운 기산점으로 할 수 있다.

296 취득시효완성 전에 소유권을 취득한 제3자에 대해서는 취득시효를 주장할 수 없으나, 취득시효완성 후에 소유권을 취득한 제3자에 대해서는 원칙적으로 취득시효를 주장할 수 있다. ( )

➡ X 취득시효는 취득시효완성 당시의 소유자에게 주장하는 제도이므로 취득시효완성 전에 소유권을 취득한 제3자에 대해서 취득시효를 주장할 수 있다. 그러나 취득시효완성 후에 소유권을 취득한 제3자에 대해서는 원칙적으로 취득시효를 주장할 수 없다.

297 시효완성자는 재취득시효(2차의 취득시효) 완성 전에 목적 부동산의 소유권을 취득한 제3자에게는 취득시효를 주장할 수 없다. ( )

→ ✕ 재취득시효는 재취득시효완성 당시의 소유자에게 주장하는 제도이므로 시효완성자는 재취득시효(2차의 취득시효) 완성 전에 목적 부동산의 소유권을 취득한 제3자에게는 취득시효를 주장할 수 있다.

298 취득시효완성 후 등기 전에 제3자에게 소유권이전등기가 경료되었다가 다시 취득시효완성 당시의 소유자에게로 소유권이 회복된 경우에는 취득시효를 주장할 수 있다. ( )

→ ○ 취득시효완성을 원인으로 한 소유권이전등기청구의 상대방은 취득시효완성 당시의 소유자이다. 따라서 취득시효완성 당시의 소유자에게로 소유권이 회복된 경우에는 취득시효를 주장할 수 있다.

299 명의신탁된 부동산에 대해 점유취득시효가 완성된 후 명의신탁이 해지되어 명의신탁자에게 소유권이 이전된 경우 시효완성자는 명의신탁자에게 취득시효를 주장할 수 없다. ( )

→ ○ 취득시효완성 후에 부동산의 소유권을 취득한 제3자에 대해서는 원칙적으로 취득시효를 주장할 수 없다. 따라서 명의신탁된 부동산에 대해 점유취득시효가 완성된 후 명의신탁이 해지되어 명의신탁자에게 소유권이 이전된 경우, 신탁자는 취득시효완성 후에 소유권을 취득한 제3자이므로 시효완성자는 신탁자에게 원칙적으로 취득시효를 주장할 수 없다.

300 시효완성자는 취득시효완성 전에 설정되어 있던 가등기에 기하여 시효완성 후에 소유권이전의 본등기를 마친 자에 대하여 시효완성을 주장할 수 있다. ( )

→ ✕ 취득시효완성 후에 부동산의 소유권을 취득한 제3자에 대해서는 원칙적으로 취득시효를 주장할 수 없다. 따라서 시효완성 전에 이미 가등기가 존재하는 경우 시효완성자는 가등기에 기해 본등기를 경료한 제3자에게 취득시효를 주장할 수 없다.

17 취득시효완성 후의 법률관계

301 점유취득시효를 완성하였더라도 아직 소유권이전등기를 마치지 않은 시효완성자는 소유자에 대하여 취득시효 기간 중의 점유로 발생한 부당이득을 반환하여야 한다. ( )

→ ✕ 시효완성자는 소유자를 상대로 등기청구를 해서 소유권을 취득해 올 수 있는 지위에 있는 자이므로 소유자는 시효완성자를 상대로 차임 상당의 부당이득반환청구를 할 수 없다. 따라서 시효완성자는 소유자에 대하여 취득시효 기간 중의 점유로 발생한 부당이득을 반환할 의무가 없다.

302 시효완성자는 원소유자에 의하여 취득시효가 완성된 토지에 설정된 근저당권의 ( )
피담보채무를 변제한 후 변제액 상당에 대하여 원소유자에게 부당이득반환청구
권을 행사할 수 있다.

➡ ✕ 시효완성자는 자신이 취득한 부동산의 소유권을 유지하기 위하여 피담보채무를 변제한 것이므로 원소유자에게 부당이득반환청구권을 행사할 수 없다.

303 시효완성자는 취득시효의 완성으로 바로 소유권을 취득할 수 없고, 이를 원인으 ( )
로 소유권이전등기청구권을 행사할 수 있을 뿐이다.

➡ ○ 점유취득시효의 완성만으로는 소유권을 취득할 수 없고 소유권이전등기청구권만 발생할 뿐이다. 따라서 이를 행사하여 등기를 해야만 소유권을 취득한다.

304 취득시효완성으로 인한 소유권이전등기청구권이 발생하면 부동산소유자와 시효 ( )
완성자 사이에 계약상의 채권관계가 성립한 것으로 본다.

➡ ✕ 취득시효완성을 원인으로 한 소유권이전등기청구권의 발생원인은 법률규정이다(제245조 제1항). 따라서 이 경우는 부동산소유자와 시효완성자 사이에 법률규정에 의한 채권관계가 성립한 것으로 본다.

305 취득시효완성 후 시효완성자가 제3자에게 부동산을 양도한 경우에는 소유자에 ( )
대한 등기청구권이 바로 소멸한 것으로 보아야 한다.

➡ ✕ 취득시효완성 후 시효완성자가 제3자에게 부동산을 양도한 경우 소유자에 대한 등기청구권이 바로 소멸하는 것은 아니고, 점유상실 시부터 등기청구권의 소멸시효가 진행한다.

306 시효완성자로부터 점유를 승계한 자는 전 점유자의 취득시효완성의 효과를 주장 ( )
하여 부동산소유자에게 직접 자기 앞으로 소유권이전등기를 하여 줄 것을 청구할
수 있다.

➡ ✕ 시효완성자로부터 점유를 승계한 자는 점유 자체와 하자만을 승계하는 것이지 취득시효완성으로 인한 법률효과까지 승계하는 것은 아니므로 부동산소유자에게 직접 자기 앞으로 소유권이전등기를 하여 줄 것을 청구할 수는 없다.

307 시효완성자가 취득시효완성을 원인으로 한 소유권이전등기청구권을 제3자에게 ( )
양도하고 그 사실을 원소유자에게 통지하였더라도, 원소유자가 동의가 없다면 제
3자는 원소유자에게 채권양도를 원인으로 자기에게 소유권이전등기를 하여 줄
것을 청구할 수 없다.

➡ ✕ 취득시효완성으로 인한 소유권이전등기청구권은 통상의 채권양도의 법리에 따라 제3자에게 양도할 수 있다. 따라서 등기청구권의 양도에 대해 원소유자의 동의가 없더라도 제3자는 원소유자에게 채권양도를 원인으로 자기에게 소유권이전등기를 하여 줄 것을 청구할 수 있다.

308 소유자가 취득시효완성 사실을 알고 제3자에게 부동산을 양도한 경우에는 시효완성자는 채무불이행을 이유로 손해배상을 청구할 수 있다. ( )

➡ ✕ '채무불이행'이 아니라 '불법행위'를 이유로 손해배상을 청구할 수 있다.

309 부동산에 대한 압류 또는 가압류는 점유취득시효를 중단시킨다. ( )

➡ ✕ 부동산에 대한 압류 또는 가압류는 취득시효 중단사유가 아니다. 물권적 청구권의 행사가 취득시효 중단사유에 해당한다.

18 등기부취득시효

310 등기부취득시효에 있어서 선의·무과실은 점유의 취득에 관한 것이 아니라 등기에 관한 것이며, 이때의 등기는 전주(前主) 명의의 등기기간까지 합쳐서 10년간 소유자로 등기되어 있으면 충분하다. ( )

➡ ✕ 등기부취득시효에 있어서 선의·무과실은 등기에 관한 것이 아니라 점유의 취득에 관한 것이다. 또한 등기의 승계도 인정되므로 시효취득자 명의로 10년간 등기되어 있어야 하는 것은 아니고 전주 명의의 등기기간까지 합쳐서 10년간 소유자로 등기되어 있으면 충분하다.

311 등기부취득시효가 완성되었더라도 점유자 명의의 등기가 말소되거나 적법한 원인 없이 다른 사람 앞으로 소유권이전등기가 경료된 경우에는 소유권이 상실된다. ( )

➡ ✕ 등기부취득시효가 완성된 경우에는 점유자가 취득시효를 통해서 소유권을 취득하므로 그 후에 등기가 말소되거나 적법한 원인 없이 다른 사람 앞으로 소유권이전등기가 경료되더라도 점유자는 소유권을 상실하지 않는다.

19 공유의 법률관계

312 공유자 중의 1인이 다른 공유자의 지분을 대외적으로 주장하는 것은 공유물의 보존행위에 해당한다. ( )

➡ ✕ 공유물의 현상을 유지하는 것이 보존행위이므로 공유자 중의 1인이 다른 공유자의 지분을 대외적으로 주장하는 것은 공유물의 보존행위가 아니다.

313 공유자 중의 일부가 특정부분을 배타적으로 점유·사용하고 있더라도 그 특정부분의 면적이 자신들의 지분비율에 상당하는 면적범위 내라면, 공유토지를 전혀 사용·수익하지 않고 있는 다른 공유자에 대하여 그 지분에 상응하는 부당이득반환의무가 없다. ( )

→ X 공유자는 지분비율로 공유물 전부를 사용하여야 한다. 따라서 공유자 중의 일부가 특정부분을 배타적으로 점유·사용하는 경우, 그 특정부분의 면적이 자신들의 지분비율에 상당하는 면적범위 내이더라도 이는 다른 공유자의 지분을 침해하는 것이므로, 공유토지를 전혀 사용·수익하지 않고 있는 다른 공유자에 대하여 그 지분에 상응하는 부당이득반환의무를 진다.

314 공유물의 소수지분권자가 다른 공유자와의 협의 없이 공유물을 배타적으로 점유하는 경우 다른 소수지분권자는 공유물의 인도 및 방해의 제거를 청구할 수 없다. ( )

→ X 공유물의 인도청구는 할 수 없고 방해제거청구만 할 수 있다. 공유물의 소수지분권자가 다른 공유자와의 협의 없이 공유물을 배타적으로 점유하는 경우 다른 소수지분권자는 공유물의 보존행위로서 공유물의 인도를 청구할 수는 없고, 공유물에 대한 공동점유·사용을 방해하는 소수지분권자의 행위에 대한 방해금지나 소수지분권자가 설치한 지상물의 제거 등 방해제거만을 청구할 수 있다.

315 공유자가 공유물을 타인에게 임대하는 행위는 공유물의 관리행위에 해당하나, 임차인의 차임연체를 이유로 임대차계약을 해지하는 행위는 공유물의 처분행위에 해당한다. ( )

→ X 공유자가 공유물을 타인에게 임대하는 행위 및 그 임대차계약을 해지하는 행위는 공유물의 관리행위에 해당하므로 공유자의 지분의 과반수로써 결정하여야 한다.

316 甲, 乙, 丙은 X토지를 각 1/2, 1/4, 1/4의 지분으로 공유하는 경우 乙이 X토지에 대한 자신의 지분을 포기하면 乙의 지분은 甲과 丙에게 균등한 비율로 귀속된다. ( )

→ X 공유자가 그 지분을 포기하거나 상속인 없이 사망한 때에는 그 지분은 다른 공유자에게 '각 지분의 비율'로 귀속한다.

317 공유토지에 대해 3분의 2의 지분을 가진 甲은 다른 공유자 乙의 동의 없이 그 토지를 丙에게 임대할 수 있고, 丙의 차임연체액이 2기의 차임액에 달하는 때에는 단독으로 임대차계약을 해지할 수 있다. ( )

→ O 임대차계약체결과 그 해지 모두 공유물의 관리행위에 해당하고 공유물의 관리행위는 지분의 과반수로 결정하므로 甲은 단독으로 임대차계약 및 해지를 할 수 있다.

318 甲은 3/5, 乙은 2/5의 지분으로 X토지를 공유하고 있다. 甲이 乙과 협의 없이 ( )
X토지를 丙에게 임대한 경우, 乙은 丙에게 X토지의 인도를 청구할 수 없으나, 자신의 지분에 상응하는 차임 상당액을 부당이득으로 반환할 것을 청구할 수 있다.

➡ ✕ 임대차계약은 공유물의 관리행위이고 관리행위는 지분의 과반수로 결정한다. 따라서 과반수지분권자인 甲은 단독으로 丙과 임대차계약을 할 수 있고, 丙이 X토지를 사용·수익하는 것은 乙에 대한 관계에서도 적법하다. 따라서 乙은 丙에게 차임 상당의 부당이득반환청구를 할 수 없다.

319 재판상 분할에서 분할을 원하는 공유자의 지분만큼은 현물분할하고, 분할을 원하 ( )
지 않는 공유자는 계속 공유로 남게 할 수 있다.

➡ ○ 여러 사람이 공유하는 물건을 현물분할하는 경우에는 분할청구자의 지분한도 안에서 현물분할을 하고 분할을 원하지 않는 나머지 공유자는 공유자로 남는 방법도 허용될 수 있다.

320 공유자 사이에 이미 분할협의가 성립하였는데 일부 공유자가 분할에 따른 이전등 ( )
기에 협조하지 않은 경우, 공유물분할소송을 제기할 수 없다.

➡ ○ 공유물의 분할방법에 관하여 협의가 이루어지지 않은 경우에 공유자는 법원에 분할을 청구할 수 있다. 따라서 공유자 사이에 이미 분할협의가 성립하였는데 일부 공유자가 분할에 따른 이전등기에 협조하지 않은 경우에는 공유물분할소송을 제기할 수 없다.

20 지상권

321 현재 건물 기타 공작물이나 수목이 없더라도 지상권은 성립할 수 있고, 기존의 건 ( )
물 기타 공작물이나 수목이 멸실하더라도 존속기간이 만료되지 않는 한 지상권은 그대로 존속한다.

➡ ○ 지상권에는 부종성이 없다. 따라서 현재 지상물이 없더라도 지상권은 성립할 수 있고, 기존의 지상물이 멸실하더라도 존속기간이 만료하지 않는 한 지상권은 그대로 존속한다.

322 지하 또는 지상의 공간은 상하의 범위를 정하여 건물 기타 공작물이나 수목을 소 ( )
유하기 위한 지상권의 목적으로 할 수 있다.

➡ ✕ 수목을 소유하기 위해서는 구분지상권을 설정할 수 없다.

323 기존 건물의 사용을 목적으로 지상권을 설정하는 경우에는 최단존속기간 제한규 ( )
정이 적용되지 않는다.

➡ ○ 지상물을 소유하기 위하여 지상권을 설정하는 경우에는 최단존속기간 제한규정이 적용되지만, 기존 건물의 사용을 목적으로 지상권을 설정하는 경우에는 최단존속기간 제한규정이 적용되지 않는다.

324 지상권과 지역권 및 전세권의 존속기간을 영구로 약정하는 것도 허용된다. ( )

➡ ✕ 지상권과 지역권의 존속기간은 영구무한으로 할 수 있으나, 전세권의 존속기간은 10년을 넘지 못한다.

325 지상권의 존속기간을 약정하지 않은 경우 각 당사자는 언제든지 지상권의 소멸을 통고할 수 있다. ( )

➡ ✕ 지상권에는 소멸통고 제도가 없다. 계약으로 지상권의 존속기간을 정하지 않은 경우에는 최단존속기간을 그 존속기간으로 한다.

326 지상권이 존속기간의 만료로 소멸된 때에 지상권이 설정된 토지 위에 건물 기타 공작물이나 수목이 현존한 때에는 지상권자는 계약의 갱신을 청구할 수 있고, 지상권설정자가 계약의 갱신을 원하지 않는 경우에는 지상권자는 상당한 가액으로 지상물의 매수를 청구할 수 있다. ( )

➡ ○ 지상권자에게는 갱신청구권과 지상물매수청구권이 인정된다. 따라서 지상권의 존속기간이 만료하고 지상물이 현존한 때에는 지상권자는 계약의 갱신을 청구할 수 있고, 지상권설정자가 갱신을 거절하는 경우에는 지상물의 매수를 청구할 수 있다.

327 지상권자가 지상물매수청구권을 행사하면 지상권설정자의 승낙이 없어도 곧바로 지상물에 관한 매매계약이 성립한다. ( )

➡ ○ 지상물매수청구권은 형성권이므로 지상권자가 지상물매수청구권을 행사하면 지상권설정자의 승낙이 없어도 곧바로 지상물에 관한 매매계약이 성립한다.

328 지상권설정자가 지료체납을 이유로 지상권소멸청구를 하여 지상권이 소멸되었더라도 지상권자는 지상물매수청구권을 행사할 수 있다. ( )

➡ ✕ 지상권설정자가 지료체납을 이유로 지상권소멸청구를 하여 지상권이 소멸된 경우에는 지상권자는 지상물매수청구권을 행사할 수 없다.

329 지상권자는 설정행위로써 금지하지 않는 한, 지상권설정자의 동의 없이 타인에게 지상권을 양도하거나 지상권의 존속기간 내에서 지상권이 설정된 토지를 임대할 수 있다. ( )

➡ ✕ 지상권의 처분은 완전 자유라서 어떠한 내용의 제한도 가할 수 없다. 따라서 설정행위로써 지상권의 처분을 금지하더라도 지상권자는 지상권설정자의 동의 없이 자신의 지상권을 처분할 수 있다.

330 지상권에 있어서, 지료에 관한 약정을 등기하지 않더라도 토지소유권 또는 지상권을 양수한 자에게 대항할 수 있다. ( )

➡ ✕ 지료에 관한 약정은 등기해야 토지소유권 또는 지상권을 양수한 자에게 대항할 수 있다.

331 지상권자의 지료지급 연체가 토지소유권의 양도 전후에 걸쳐 이루어진 경우 토지 양수인에 대한 연체기간이 2년분이 되지 않는다면 양수인은 지상권소멸청구를 할 수 없다. ( )

➡ O 지상권자가 2년 이상의 지료를 지급하지 아니한 때에는 지상권설정자는 지상권의 소멸을 청구할 수 있다. 그런데 지상권자의 지료지급 연체가 토지소유권의 양도 전후에 걸쳐 이루어진 경우 전 소유자에 대해 체납한 지료는 토지양수인에게 승계되지 않으므로 토지양수인에 대한 연체기간이 2년분이 되지 않는다면 양수인은 지상권소멸청구를 할 수 없다.

332 지상권이 소멸한 경우에 지상권설정자가 상당한 가액을 제공하여 지상물의 매수를 청구한 때에는 지상권자는 정당한 이유 없이 이를 거절하지 못한다. ( )

➡ O 지상권설정자에게도 지상물매수청구권이 인정된다.

333 저당권설정자가 담보가치의 하락을 막기 위해 저당권자에게 지상권을 설정해 준 경우에는 피담보채권이 소멸하더라도 그 지상권은 소멸하지 않는다. ( )

➡ X 담보권 설정의 당사자들이 담보로 제공된 토지의 담보가치가 줄어드는 것을 막기 위하여 담보권과 아울러 설정하는 지상권을 담보지상권이라 한다. 저당권이 피담보채권의 변제나 소멸시효의 완성으로 소멸한 경우 담보지상권도 피담보채권에 부종하여 함께 소멸한다.

21 분묘기지권

334 분묘기지권의 효력은 분묘가 설치된 기지에만 국한되고, 분묘의 기지 주위의 빈 땅에는 미치지 않는다. ( )

➡ X 분묘기지권의 범위는 분묘가 설치된 기지에 국한되는 것이 아니고 분묘의 수호 및 제사의 봉행에 필요한 주위의 빈 땅에도 효력이 미친다.

335 제사주재자인 장남 甲은 1986년 乙의 토지에 허락 없이 부친의 묘를 봉분 형태로 설치한 이래 2024년까지 평온·공연하게 분묘의 기지(基地)를 점유하여 분묘의 수호와 봉사를 계속하고 있다. 이 경우에는 乙이 지료지급청구를 하더라도 甲은 乙에게 지료를 지급할 의무가 없다. ( )

➡ X 「장사법」 시행 이전에 타인의 토지에 분묘를 설치한 다음 20년간 평온·공연하게 분묘의 기지를 점유함으로써 분묘기지권을 시효로 취득하였더라도, 분묘기지권자는 토지소유자가 지료지급청구를 한 날부터 지료를 지급하여야 한다.

336 자기 소유 토지에 분묘를 설치한 사람이 그 토지를 양도하면서 분묘를 이장하겠 ( )
다는 특약을 하지 않음으로써 분묘기지권을 취득한 경우, 분묘기지권자는 특별한
사정이 없는 한 토지소유자가 지료지급청구를 한 날부터 지료를 지급하여야 한다.

➡ ✗ '토지소유자가 지료지급청구를 한 날부터'가 아니라 '분묘기지권이 성립한 때부터' 지료
를 지급할 의무가 있다.

22 관습법상의 법정지상권

337 나대지상에 환매특약의 등기가 마쳐진 상태에서 대지소유자가 그 지상에 건물을 ( )
신축하고 환매권의 행사에 따라 토지와 건물의 소유자가 달라진 경우, 건물소유
자는 관습법상의 법정지상권을 취득한다.

➡ ✗ 나대지에 대해 환매특약의 등기가 된 경우이므로 토지소유자는 환매권자에게 나대지인
상태 그대로 소유권을 이전해 줄 의무를 부담하므로 이 경우에는 관습법상의 법정지상
권이 인정되지 않는다.

338 관습법상 법정지상권자는 그 지상권을 등기하여야 지상권을 취득할 당시의 토지 ( )
소유자로부터 토지를 양수한 제3자에게 대항할 수 있다.

➡ ✗ 관습법상의 법정지상권 성립 후 토지소유자가 토지를 제3자에게 양도한 경우, 관습법상의
법정지상권자는 등기 없이도 토지양수인에게 관습법상의 법정지상권을 주장할 수 있다.

339 甲은 자신의 토지와 그 지상건물 중 건물만을 乙에게 매도하고 건물 철거 등의 ( )
약정 없이 건물의 소유권이전등기를 해 주었고, 乙은 이 건물을 다시 丙에게 매도
하고 소유권이전등기를 마쳐주었다. 이 경우 甲이 丙에게 건물의 철거 및 토지의
사용에 대한 부당이득반환청구를 하는 것은 신의칙에 반하므로 허용되지 않는다.

➡ ✗ 관습법상의 법정지상권을 가진 건물소유자로부터 건물을 양수하면서 그 지상권까지 양
도받기로 한 자에 대하여 대지소유자가 건물철거청구를 하는 것은 신의칙에 반하므로
허용되지 않는다. 따라서 甲이 丙에게 건물철거청구를 하는 것은 허용되지 않지만, 토
지의 사용에 대한 부당이득반환청구는 허용된다.

340 甲은 자신의 토지와 그 지상건물 중 건물만을 乙에게 매도하고 건물 철거 등의 ( )
약정 없이 건물의 소유권이전등기를 해 주었다. 乙은 이 건물을 다시 丙에게 매도
하고 소유권이전등기를 마쳐주었고, 甲도 丁에게 토지를 양도하였다. 이 경우 丙
은 丁에게 자신의 지상권을 주장할 수 있다.

➡ ✗ 건물소유권 이전의 합의 속에는 관습법상의 법정지상권 이전의 합의는 당연히 포함된다.
다만, 관습법상의 법정지상권이 붙어 있는 건물의 양수인은 지상권에 관한 등기를 하여
야 관습법상의 법정지상권을 취득한다. 그런데 丙은 건물에 대해서만 소유권이전등기를
마쳤고 지상권에 관하여는 등기를 하지 않았으므로 아직 지상권자가 아니다. 따라서 丙
은 丁에게 자신의 지상권을 주장할 수 없다.

23 지역권

341 지역권자로 될 수 있는 자는 토지소유자뿐만 아니라 지상권자, 전세권자, 임차인 ( )
도 포함되며, 요역지와 승역지는 반드시 인접하여야 한다.

➡ X 요역지와 승역지는 반드시 인접하여야 할 필요는 없다.

342 1필 토지의 일부를 위한 지역권 설정은 가능하나, 1필 토지의 일부에 대한 지역권 ( )
설정은 불가능하다.

➡ X 요역지는 반드시 1필의 토지이어야 하므로 1필 토지의 일부를 위한 지역권 설정은 불가능하다. 그러나 승역지는 1필 토지의 일부이어도 무방하므로 1필 토지의 일부에 대한 지역권 설정은 가능하다.

343 당사자는 지역권의 존속기간을 영구무한으로 약정할 수 없다. ( )

➡ X 지역권의 최장존속기간을 제한하는 규정이 없으므로 지역권의 존속기간을 영구무한으로 약정할 수 있다.

344 지역권도 물권으로서 배타성이 있으므로 하나의 승역지에 여러 개의 지역권이 설 ( )
정될 수 없다.

➡ X 지역권은 배타성이 없으므로 하나의 승역지에 여러 개의 지역권이 설정될 수 있다.

345 지역권은 요역지소유권에 부종하여 이전하므로 당사자는 이와 달리 정할 수 없다. ( )

➡ X 지역권은 요역지소유권에 부종하여 이전하지만, 당사자는 특약으로 달리 정할 수 있다(수반성은 특약으로 배제O).

346 요역지의 공유자 중 1인이 지역권을 취득한 경우, 요역지의 다른 공유자도 지역권 ( )
을 취득한다.

➡ O 지역권의 취득은 쉽게 되어 있다. 즉, 공유자의 1인이 지역권을 취득한 때에는 다른 공유자도 이를 취득한다.

347 요역지가 수인의 공유인 경우, 점유로 인한 지역권취득기간의 중단은 지역권을 ( )
행사하는 1인에 대하여 하더라도 다른 공유자에게 효력이 미친다.

➡ X 점유로 인한 지역권 취득기간의 중단은 지역권을 행사하는 모든 공유자에 대한 사유가 아니면 그 효력이 없다.

348 요역지가 수인의 공유인 경우에 그 1인에 의한 지역권 소멸시효의 중단 또는 정지 ( )
는 다른 공유자를 위하여 효력이 있다.

➡ O 요역지 공유자 중 1인이 지역권의 소멸시효를 중단시킨 경우 그 효력은 다른 공유자에게도 미친다.

349 통행지역권을 시효취득하였다면, 특별한 사정이 없는 한 요역지소유자는 도로 설 ( )
치로 인해 승역지소유자가 입은 손해를 보상하지 않아도 된다.

➡ ✕ 통행지역권을 시효취득한 경우에도 특별한 사정이 없는 한 요역지소유자는 승역지에 대한 도로 설치 및 사용에 의하여 승역지소유자가 입은 손해를 보상하여야 한다.

350 지역권에 대한 침해가 있는 경우 지역권자는 침해자에게 승역지를 자신에게 반환 ( )
할 것을 청구할 수 있다.

➡ ✕ 지역권에 대한 침해가 있더라도 지역권자는 승역지를 자신에게 반환할 것을 청구할 수 없다(방해제거청구권과 방해예방청구권만이 인정됨).

351 승역지의 소유자는 지역권에 필요한 부분의 토지소유권을 지역권자에게 위기(委 ( )
棄)하여 공작물의 설치의무를 면할 수 있다.

➡ ◯ 승역지소유자가 자신의 토지의 소유권을 지역권자에게 이전하는 것을 위기(委棄)라고 하는데, 이러한 위기를 통해 공작물설치의무를 면할 수 있다.

24 전세권

352 법률행위에 의한 전세권 취득의 경우 목적부동산의 인도는 전세권의 성립요건이다. ( )

➡ ✕ 전세금의 지급은 전세권의 성립요건이지만 목적부동산의 인도는 전세권의 성립요건이 아니다.

353 전세금은 반드시 현실적으로 수수되어야만 하므로 기존의 채권으로 전세금의 지 ( )
급에 갈음할 수 없다.

➡ ✕ 전세금의 지급이 전세권의 성립요건이나, 기존의 채권으로 전세금의 지급에 갈음할 수 있다.

354 전세권의 존속기간이 시작되기 전에 마쳐진 전세권설정등기는 특별한 사정이 없 ( )
는 한 유효한 것으로 추정되지 않는다.

➡ ✕ 전세권은 용익물권적 성격과 담보물권적 성격을 모두 가지고 있으므로, 전세권의 존속 기간이 시작되기 전에 마쳐진 전세권설정등기도 특별한 사정이 없는 한 유효한 것으로 추정된다.

355 건물에 대한 전세권의 존속기간을 2년 미만으로 정한 경우에는 그 기간을 2년으 ( )
로 한다.

➡ ✕ 건물전세권의 최단존속기간은 1년이다. 주택임대차의 최단존속기간이 2년이다.

356 전세권의 존속기간을 약정하지 아니한 때에는 각 당사자는 언제든지 상대방에 대하여 전세권의 소멸을 통고할 수 있고 상대방이 이 통고를 받은 날로부터 3개월이 경과하면 전세권은 소멸한다. ( )

➡ × '3개월'이 아니라 '6개월'이다.

357 전세권의 설정은 갱신할 수 있으나 그 기간은 갱신한 날로부터 5년을 넘지 못한다. ( )

➡ × '5년'이 아니라 '10년'을 넘지 못한다.

358 전세권의 존속기간이 당사자의 약정에 의해 갱신된 경우, 전세권자는 이를 등기하지 않아도 그 목적물의 소유권을 취득한 제3자에게 대항할 수 있다. ( )

➡ × 법정갱신은 등기할 필요가 없지만, 약정갱신은 등기하여야 효력이 생긴다.

359 토지의 전세권설정자가 존속기간 만료 전 6월부터 1월까지 사이에 갱신거절의 통지를 하지 않은 경우, 특별한 사정이 없는 한 동일한 조건으로 다시 전세권을 설정한 것으로 본다. ( )

➡ × 건물전세권에만 법정갱신이 인정되고, 토지전세권에는 법정갱신이 인정되지 않는다.

360 타인의 토지에 있는 건물에 전세권을 설정한 때에는 전세권의 효력은 그 건물의 소유를 목적으로 한 지상권 또는 임차권에 미친다. ( )

➡ ○ 건물을 사용하는 사람으로 하여금 토지를 쓸 수 있도록 해주어야 하므로 건물전세권의 효력은 지상권 또는 임차권에 미친다.

361 대지와 건물이 동일인의 소유인 경우에 그 건물에 전세권을 설정한 때에는 그 대지소유권의 특별승계인은 전세권자에 대하여 지상권을 설정한 것으로 본다. ( )

➡ × 법정지상권은 건물소유자가 취득해야 하므로 '전세권자'가 아니라 '전세권설정자'가 취득하는 것이다. 따라서 대지소유권의 특별승계인은 '전세권설정자(건물소유자)'에 대하여 지상권을 설정한 것으로 본다.

362 전세권설정자는 목적물의 현상을 유지하고 그 통상의 관리에 속한 수선을 하여야 한다. ( )

➡ × '전세권설정자'가 아니라 '전세권자'이다.

363 전세권자와 임차인 모두에게 필요비상환청구권과 유익비상환청구권이 인정된다. ( )

➡ × 전세권자에게는 필요비상환청구권이 인정되지 않고, 유익비상환청구권만 인정된다. 임차인에게는 필요비상환청구권과 유익비상환청구권이 모두 인정된다.

364 전세권자가 목적물을 개량하기 위하여 지출한 금액 기타 유익비에 관하여는 그 ( )
가액의 증가가 현존한 경우에 한하여 자신의 선택에 따라 그 지출액이나 증가액
의 상환을 청구할 수 있다.

➡ ✕ '자신의 선택'에 따라가 아니라 '소유자(전세권설정자)의 선택'에 따라이다.

365 건물전세권자와 인지(隣地)소유자 사이에는 상린관계에 관한 규정이 준용되지 않 ( )
는다.

➡ ✕ 상린관계는 인접한 부동산소유자 상호간의 이용관계를 조절하기 위한 제도이나, 소유자
상호간에만 적용되는 것이 아니라 소유자와 인접한 자가 지상권자, 전세권자, 임차인인
경우에도 모두 적용된다. 따라서 건물전세권자와 인지(隣地)소유자 사이에도 상린관계
에 관한 규정이 준용된다.

366 전세권자는 전세권을 타인에게 양도 또는 담보로 제공할 수 있고 그 존속기간 내 ( )
에서 그 목적물을 타인에게 전전세 또는 임대할 수 있으나, 이는 설정행위로써
금지할 수 있다.

➡ ◯ 전세권자는 전세권설정자의 동의 없이도 자신의 전세권을 처분할 수 있지만, 전세권의
처분은 설정행위로써 금지할 수 있고, 또 이를 등기한 때에는 제3자에게 대항할 수 있다.

367 전세권이 소멸한 때에는 전세권설정자는 전세권자로부터 그 목적물의 인도 및 전 ( )
세권설정등기의 말소등기에 필요한 서류의 교부를 받는 동시에 전세금을 반환하
여야 한다.

➡ ◯ 전세권설정자의 전세금반환의무와, 전세권자의 목적물인도 및 전세권설정등기의 말소
등기에 필요한 서류의 교부는 동시이행관계에 있다.

368 전세권설정자가 전세금의 반환을 지체한 경우에는 전세권자는 「민사집행법」의 ( )
규정에 따라 전세권의 목적물의 경매를 청구할 수 있고, 그 경락대금으로부터 후
순위권리자 기타 채권자보다 전세금의 우선변제를 받을 수 있다.

➡ ◯ 전세권자에게는 경매권과 우선변제권이 인정된다.

369 부동산의 일부에 전세권을 설정받은 자는 전세권의 목적물이 아닌 나머지 부분에 ( )
대하여 경매신청권과 우선변제권이 인정되지 않는다.

➡ ✕ 경매신청권은 없고 우선변제권은 인정된다.

370 전세권의 목적물을 전전세한 경우, 전세권자는 전전세하지 아니하였으면 면할 수 ( )
있는 불가항력으로 인한 손해에 대하여도 그 책임을 부담한다.

➡ ◯ 전세권자는 전세권설정자의 동의 없이 전전세를 할 수 있으나 책임이 무겁다. 즉, 전세
권자는 전전세하지 아니하였으면 면할 수 있는 불가항력으로 인한 손해에 대하여 그 책
임을 부담한다.

371 전전세권의 존속기간이 만료한 경우 전전세권설정자가 전전세금의 반환을 지체한 때에는 전전세권자는 즉시 전전세의 목적물에 대해 경매를 청구할 수 있다. ( )

→ ✗ 전전세권자도 경매권과 우선변제권을 가지나, 전전세권의 존속기간이 만료하였더라도 원전세권의 존속기간이 만료하고 또한 원전세권설정자가 원전세권자에 대해 전세금의 반환을 지체한 경우에만 경매청구를 할 수 있는 제한이 있다.

372 전세권이 성립한 후 전세목적물의 소유권이 이전된 경우, 신소유자는 전세권이 소멸하는 때에 전세권자에 대하여 전세금을 반환하여야 한다. ( )

→ ○ 전세권이 성립한 후 전세목적물의 소유권이 이전된 경우 전세권은 전세권자와 목적물의 소유권을 취득한 신소유자 사이에서 계속 동일한 내용으로 존속하고, 목적물의 신소유자는 전세권이 소멸하는 때에 전세권설정자의 지위에서 전세금반환의무를 부담한다.

373 당사자가 주로 채권담보의 목적을 갖는 전세권을 설정하였더라도 장차 전세권자의 목적물에 대한 사용·수익권을 완전히 배제하는 것이 아니라면 그 효력은 인정된다. ( )

→ ○ 전세권은 용익물권적 성격과 담보물권적 성격을 모두 가진다. 따라서 채권담보 목적의 전세권설정도 가능하다. 즉, 당사자가 채권담보의 목적으로 전세권을 설정하였더라도, 장차 전세권자의 목적물에 대한 사용·수익권을 완전히 배제하는 것이 아니라면, 그 효력은 인정된다.

25 유치권

374 유치권은 법정담보물권이므로 당사자의 특약으로 유치권의 성립을 배제할 수 없다. ( )

→ ✗ 유치권에 관한 규정은 임의규정이므로 당사자의 특약으로 배제할 수 있다.

375 자기 소유의 물건에 대하여도 유치권이 성립할 수 있으며, 채무자 이외의 제3자 소유의 물건에 대해서도 유치권이 성립할 수 있다. ( )

→ ✗ 타인 소유의 물건에 대해서 유치권이 성립하므로 자기 소유의 물건에 대해서는 유치권이 성립할 수 없다.

376 제3자를 직접점유자로 하여 채권자가 간접점유하는 경우에는 유치권이 성립할 수 있으나, 채무자를 직접점유자로 하여 채권자가 간접점유하는 경우에는 유치권이 성립할 수 없다. ( )

→ ○ 유치권이 성립하기 위해서는 목적물을 점유하여야 하는데, 이때의 점유는 직접점유·간접점유를 불문한다. 다만, 채무자를 직접점유자로 하여 채권자가 간접점유하는 경우에는 유치권이 성립하지 않는다.

377 甲이 자신이 점유하고 있는 건물에 관하여 乙을 상대로 유치권을 주장하고 있다면, 甲은 자신의 점유가 불법행위로 인한 것이 아님을 증명하여야 한다. ( )

➡ ✗ 점유자는 자주, 평온, 공연, 선의의 점유로 추정되고, 점유물에 대하여 행사하는 권리는 적법하게 보유하는 것으로 추정된다. 따라서 점유자는 자신의 점유가 적법한 점유임을 입증할 필요는 없고 유치권의 성립을 배척하려는 상대방이 점유자의 점유가 불법점유임을 입증하여야 한다.

378 유치권에 있어서, 채권과 목적물 사이의 견련성은 채권이 목적물 자체로부터 발생한 경우에만 인정되고, 채권이 목적물반환청구권과 동일한 법률관계나 사실관계로부터 발생한 경우에도 인정되지 않는다. ( )

➡ ✗ 채권과 목적물 사이의 견련성은 채권이 목적물 자체로부터 발생한 경우뿐만 아니라, 채권이 목적물반환청구권과 동일한 법률관계나 사실관계로부터 발생한 경우에도 인정된다.

379 어떤 물건을 점유하기 전에 먼저 채권이 발생하였고 후에 점유를 취득한 경우에는 유치권이 성립하지 않는다. ( )

➡ ✗ 유치권이 성립하기 위해서 채권과 목적물의 '점유'와의 견련성은 필요 없다. 따라서 어떤 물건을 점유하기 전에 먼저 채권이 발생하였고 후에 점유를 취득하더라도 유치권이 성립한다.

380 甲의 말 2필이 乙의 밭에 들어가 농작물을 먹어치운 경우 乙은 손해배상청구권을 담보하기 위하여 甲의 말을 유치할 수 있다. ( )

➡ ○ 목적물로부터 받은 손해에 대한 손해배상청구권은 채권과 목적물 사이에 견련성이 인정된다. 따라서 乙은 손해배상을 받을 때까지 甲의 말을 유치할 수 있다.

381 원상회복약정이 있는 경우 임차인은 임차물에 관한 유익비상환청구권을 담보하기 위하여 유치권을 행사할 수 있다. ( )

➡ ✗ 원상회복약정은 유익비상환청구권 포기특약에 해당하고 이는 유효하므로 임차인은 유치권을 주장할 수 없다.

382 임대인과 임차인 사이에 건물명도 시 권리금을 반환하기로 약정을 한 때에는 임차인은 임대인이 권리금을 반환할 때까지 건물에 대해 유치권을 행사할 수 있다. ( )

➡ ✗ 권리금반환청구권은 채권과 목적물 사이에 견련성이 인정되지 않으므로 임차인은 임대인이 권리금을 반환할 때까지 건물에 대해 유치권을 행사할 수 없다.

383 건축자재를 매도한 자는 자신의 대금채권을 확보하기 위하여 그 자재로 건축된 건물에 대해 유치권을 행사할 수 있다. ( )

➡ ✗ 건축자재대금채권은 매매계약에서 발생한 것이므로 건물 자체에 관하여 생긴 채권이 아니다. 따라서 건축자재를 매도한 자는 매매대금채권을 확보하기 위하여 그 자재로 건축된 건물에 대해 유치권을 행사할 수 없다.

384 임대차종료 후 법원이 임차인의 유익비상환청구권의 유예기간을 인정한 경우, 임 ( )
차인은 그 기간 내에는 유익비상환청구권을 담보하기 위해 임차물에 대해 유치권
을 행사할 수 없다.
→ O 유치권이 성립하기 위해서는 채권의 변제기가 도래하여야 한다. 따라서 임차인의 유익
비상환청구에 대하여 법원이 상환기간의 유예를 인정한 경우에는 유치권이 성립하지 않
는다.

385 유치권자에게는 경매권, 간이변제충당권, 우선변제권 및 과실수취권이 인정된다. ( )
→ X 유치권자에게는 우선변제권이 인정되지 않는다.

386 정당한 이유 있는 때에는 유치권자는 감정인의 평가에 의하여 유치물로 직접 변 ( )
제에 충당할 것을 채무자에게 청구할 수 있다.
→ X 간이변제충당은 '채무자'에게 청구하는 것이 아니라 '법원'에 청구하는 것이다.

387 유치권자는 소유자의 승낙을 얻어 유치물을 사용하는 것이 원칙이나, 보존에 필 ( )
요한 사용은 소유자의 승낙이 없더라도 할 수 있다.
→ O 보존에 필요한 사용은 유치물의 현상을 유지해 주는 것이므로 소유자의 승낙이 없어도
할 수 있다.

388 유치권자가 유치물에 관하여 유익비를 지출한 때에는 그 가액의 증가가 현존한 ( )
경우에 한하여 자신의 선택에 좇아 그 지출한 금액이나 증가액의 상환을 청구할
수 있다.
→ X '자신의 선택'에 좇아가 아니고 '소유자의 선택'에 좇아 지출금액이나 증가액의 상환을 청
구할 수 있다.

389 유치권자는 자기 재산과 동일한 주의로 유치물을 보관하면 된다. ( )
→ X 유치권자는 선량한 관리자의 주의로 목적물을 보관하여야 한다.

390 채권자가 유치권을 행사하는 경우 피담보채권의 소멸시효는 중단된다. ( )
→ X 유치권의 행사는 피담보채권의 시효중단사유가 아니다. 따라서 채권자가 유치권을 행사
하더라도 피담보채권의 소멸시효는 그와 관계없이 진행한다.

391 유치권의 성립시기가 경매개시결정의 등기 전인지 후인지를 불문하고 유치권자 ( )
는 경락인에게 자신의 유치권을 주장할 수 있다.
→ X 경매개시결정의 등기 전에 성립한 유치권의 경우에는 경락인에게 유치권을 주장할 수
있다. 그러나 경매개시결정의 등기 후에 성립한 유치권의 경우에는 경락인에게 유치권
을 주장할 수 없다.

392 유치권과 동시이행항변권은 동시에 서로 병존할 수 없다. ( )

➡ ✕ 유치권과 동시이행의 항변권은 동시에 서로 병존할 수 있다.

393 목적물인도청구소송에 대해 피고의 유치권 항변이 인용되는 경우, 법원은 원고전부패소판결을 한다. ( )

➡ ✕ '원고전부패소판결'이 아니라 '상환이행판결'(상환급부판결, 원고일부승소판결, 원고일부승소·일부패소판결)을 한다.

26 저당권의 성립과 효력범위

394 채무자 아닌 제3자는 저당권설정자가 될 수 없으며, 채권자가 아닌 제3자도 저당권자가 될 수 없다. ( )

➡ ✕ 물상보증인도 저당권설정자가 될 수 있다. 또한 채무자 소유의 부동산을 담보로 제공하는 경우에 채권자 아닌 제3자의 명의로 저당권등기를 하는 데 대하여 채권자와 채무자 및 제3자 사이에 합의가 있었고, 나아가 제3자에게 그 채권이 실질적으로 귀속되었다고 볼 수 있는 특별한 사정이 있는 때에는 제3자 명의의 저당권등기도 유효하다.

395 저당권설정등기가 불법말소된 후 목적 부동산이 경매절차에서 경락된 경우, 저당권자는 저당권설정자를 상대로 말소회복등기청구를 할 수 있다. ( )

➡ ✕ 저당권설정등기가 불법말소된 후 목적 부동산이 경매절차에서 경락된 경우 저당권은 소멸한다. 따라서 저당권자는 저당권설정자를 상대로 말소회복등기청구를 할 수 없다.

396 저당권의 효력은 저당권설정 전의 부합물과 종물에는 미치나, 저당권 설정 후의 부합물과 종물에는 미치지 않는 것이 원칙이다. ( )

➡ ✕ 저당권설정 전후를 불문하고 부합물과 종물에 저당권의 효력이 미치는 것이 원칙이다.

397 법률에 특별한 규정 또는 설정행위에 다른 약정이 없다면, 토지에 저당권이 설정된 후 토지소유자가 그 토지에 매설한 유류저장탱크에는 저당권의 효력이 미치지 않는다. ( )

➡ ✕ 저당권의 효력은 저당부동산에 부합한 물건과 종물에 미친다. 따라서 저당토지에 매설된 유류저장탱크는 토지에 부합하므로 토지저당권의 효력은 유류저장탱크에도 미친다.

398 건물저당권의 효력은 그 건물의 소유를 목적으로 하는 지상권, 전세권 또는 임차권에도 미친다. ( )

➡ ○ 타인의 토지를 빌려 건물을 신축하고 그 건물에 대해 저당권을 설정한 경우에는 저당권이 실행되어 건물을 경락받은 자로 하여금 토지를 이용할 수 있게끔 해주어야 하므로 건물저당권의 효력은 그 건물의 소유를 목적으로 하는 지상권, 전세권 또는 임차권에도 미쳐야 한다.

399 저당권이 설정된 토지가 「공익사업을 위한 토지 등의 취득 및 보상에 관한 법률」에 따라 협의취득된 경우, 저당권자는 그 보상금에 대하여 물상대위를 할 수 있다. ( )

→ ✕ 물상대위는 담보목적물이 멸실, 훼손, 공용징수로 소멸하고 그 가치적 변형물(화재보험금, 수용보상금)이 생긴 경우에만 할 수 있다. 따라서 담보물권의 목적물이 매매된 경우에는 저당권자가 추급할 수 있으므로, 즉 저당권을 실행해서 경락대금으로부터 우선변제를 받을 수 있으므로 물상대위가 허용되지 않는다. 그리고 토지보상법에 따른 협의취득은 매매와 같아서 그 보상금에 대해서는 물상대위를 할 수 없다.

400 저당권에 있어서 대위할 물건이 제3자에 의하여 압류된 경우에는 저당권자는 물상대위를 할 수 없다. ( )

→ ✕ 압류를 하는 이유는 대위할 물건이 저당권설정자의 재산과 섞이는 것을 막기 위해서이다. 따라서 제3자가 압류한 경우에는 저당권자는 물상대위를 할 수 있다.

401 저당권의 효력은 저당부동산에 대한 압류가 있은 후에 저당권설정자가 그 부동산으로부터 수취한 과실 또는 수취할 수 있는 과실에 미친다. ( )

→ ○ 과실은 물건에 대한 사용·수익권을 가지는 자가 취득하는 것이므로 과실에는 원칙적으로 저당권의 효력이 미치지 않는다. 그러나 저당부동산에 대한 압류가 있은 후에 저당권설정자가 그 부동산으로부터 수취한 과실 또는 수취할 수 있는 과실에는 저당권의 효력이 미친다.

402 저당권은 원본, 이자, 위약금, 저당권실행비용, 저당물의 하자로 인한 손해배상금을 담보하며, 지연배상은 원본의 이행기일을 경과한 후의 1년분에 한하여 저당권을 행사할 수 있다. ( )

→ ✕ '저당물의 하자로 인한 손해배상금'이 아니라 '채무불이행으로 인한 손해배상'이다.

403 원본의 반환이 2년간 지체된 경우 채무자는 원본 및 지연배상금의 전부를 변제하여야 저당권등기의 말소를 청구할 수 있다. ( )

→ ○ 피담보채권의 범위에 있어서 지연배상은 원본의 이행기일을 경과한 후의 1년분에 한한다. 그런데 이는 후순위권리자 보호를 위한 내용이므로 채무자는 지연배상이 1년분에 한한다는 주장을 할 수 없다. 따라서 채무자는 원본과 지연이자 2년 치를 다 변제하여야 저당권등기의 말소를 청구할 수 있다.

404 피담보채무가 변제되어 무효로 된 저당권설정등기의 유용은 그 등기를 유용하기로 하는 합의가 이루어지기 전에 등기부상 새로운 이해관계를 맺은 제3자가 없는 경우에 한하여 허용된다. ( )

→ ○ 무효등기의 유용은 유용의 합의 이전에 등기부상 이해관계를 가진 제3자가 없는 경우에만 허용된다.

405 저당권설정자의 책임 없는 사유로 저당물의 가액이 현저히 감소된 경우, 저당권자는 저당권설정자에 대하여 원상회복 또는 상당한 담보제공을 청구할 수 있다. (   )

→ ✕ 저당권설정자의 책임 '있는' 사유로 저당물의 가액이 현저히 감소된 때에 담보물보충청구권을 행사할 수 있다.

406 피담보채무의 소멸 후 저당부동산의 소유권이 제3자에게 이전된 경우, 저당권설정자인 종전소유자는 저당부동산의 소유권을 상실하였으므로 저당권설정등기의 말소를 청구할 수 없다. (   )

→ ✕ 저당권이 설정된 후에 저당부동산의 소유권이 제3자에게 이전된 경우, 현재의 소유자는 자신의 소유권에 기하여 피담보채무의 소멸을 원인으로 저당권설정등기의 말소를 청구할 수 있고, 저당권설정자인 종전소유자는 저당권설정계약상의 권리에 기초하여 저당권설정등기의 말소를 청구할 수 있다.

27 제366조의 법정지상권

407 제366조의 법정지상권이 성립하기 위해서는 저당권설정 당시에 토지 위에 건물이 있어야 하고, 또 저당권실행 당시에 토지와 건물이 동일인 소유이어야 하며, 토지 또는 건물에 저당권이 설정되었다가 담보권실행경매로 토지소유자와 건물소유자가 달라져야 한다. (   )

→ ✕ '저당권실행' 당시가 아니고 '저당권설정' 당시이다.

408 제366조의 법정지상권에 관한 규정은 강행규정이므로 당사자의 특약으로 배제할 수 없다. (   )

→ ○ 관습법상의 법정지상권에 관한 규정은 임의규정이나, 법정지상권에 관한 규정은 강행규정이다.

409 저당권설정 당시에 존재하던 건물이 멸실되거나 철거된 후 신축 또는 재축된 경우, 법정지상권의 존속기간은 신건물을 기준으로 정하여야 한다. (   )

→ ✕ '신건물'이 아니라 '구건물'을 기준으로 정하여야 한다.

410 乙 소유의 토지 위에 甲과 乙이 건물을 공유하면서 토지에만 저당권을 설정하였다가, 그 실행을 위한 경매로 丙이 토지소유권을 취득한 경우 甲은 법정지상권을 취득한다. (   )

→ ○ 건물공유자의 1인이 그 건물의 부지인 토지를 단독으로 소유하면서 그 토지에만 저당권을 설정하였다가 그 실행을 위한 경매로 토지소유자가 달라진 경우에도 법정지상권이 인정된다.

411 甲 소유 토지 및 그 지상건물에 乙이 공동저당권을 취득한 후 甲이 건물을 철거하고 그 토지에 건물을 신축한 경우, 저당권의 실행으로 토지와 신축건물의 소유자가 다르게 되었다면 신축건물을 위해 법정지상권이 인정된다. (　　)

➡ × 甲 소유 토지 및 그 지상건물에 乙이 공동저당권을 취득한 후 甲이 건물을 철거하고 그 토지에 건물을 신축한 경우, 특별한 사정이 없는 한 저당권의 실행으로 토지와 신축건물의 소유자가 다르게 되면 신축건물을 위한 법정지상권이 성립하지 않는다.

412 제366조 소정의 법정지상권은 저당권설정 당시의 건물과 재건축 또는 신축된 건물 사이에 동일성이 있는 경우에 한하여 성립한다. (　　)

➡ × 저당권설정 당시의 건물이 철거되고 신축 또는 재축된 경우 신구 건물 사이에 동일성이 없어도 법정지상권이 인정된다.

413 동일인 소유의 토지와 건물에 대하여 공동저당권이 설정된 후 그 건물이 철거되고 새로 건물이 신축된 경우에는 특별한 사정이 없는 한 저당물의 경매로 인하여 토지소유자와 그 신축건물의 소유자가 다르게 되면 그 신축건물을 위하여 법정지상권이 인정된다. (　　)

➡ × 공신×: 공동저당권이 설정이 되었다가 건물이 신축된 경우에는 원칙적으로 법정지상권이 인정되지 않는다.

414 토지에 저당권이 설정될 당시 지상에 건물이 존재하고 있었고 그 양자가 동일 소유자에게 속하였더라도, 그 후 저당권의 실행으로 토지가 매각되기 전에 건물을 양수한 제3자에게는 법정지상권이 인정되지 않는다. (　　)

➡ × 저당권설정 당시에 토지와 건물이 동일인 소유이기만 하면 되므로 저당권설정 후에 건물이 제3자에게 양도된 경우에도 법정지상권이 성립한다.

415 법정지상권자가 지상건물을 제3자에게 양도한 경우, 제3자는 그 건물소유권과 함께 법정지상권을 당연히 취득한다. (　　)

➡ × 건물소유권 이전의 합의 속에는 법정지상권 이전의 합의는 당연히 포함된다. 다만, 법정지상권부 건물의 양수인은 법정지상권에 관한 등기를 하여야 법정지상권을 취득한다.

416 법정지상권에 있어서, 법원은 지료를 결정할 때 건물이 건립되어 있어 토지소유권이 제한받는 사정을 참작하여야 한다. (　　)

➡ × 법원은 지료결정 시 법정지상권이 설정된 건물이 건립되어 있음으로 인하여 토지소유권이 제한을 받는 사정을 참작하면 안 된다.

28 일괄경매청구권

417 토지를 목적으로 저당권을 설정한 후 그 설정자가 그 토지에 건물을 축조한 때에는 저당권자는 토지와 함께 그 건물에 대하여도 경매를 청구하여야 한다. ( )

➡ ✕ 일괄경매청구권은 권리이지 의무가 아니므로 경매를 '청구할 수 있다'가 되어야 한다.

418 저당권자가 저당토지의 매각대금으로부터 충분히 피담보채권을 변제받을 수 있는 경우에는 일괄경매청구권이 인정되지 않는다. ( )

➡ ✕ 일괄경매청구권은 건물의 철거방지가 목적이므로 저당토지의 매각대금으로부터 충분히 피담보채권을 변제받을 수 있는 경우에도 인정된다.

419 저당권설정자가 아닌 제3자가 저당토지 위에 건물을 축조한 경우에는 일괄경매청구권이 인정될 여지가 없다. ( )

➡ ✕ 저당권설정자가 아닌 제3자가 저당토지 위에 건물을 축조한 경우에는 원칙적으로 일괄경매청구권이 인정되지 않는다. 그러나 저당권설정자로부터 저당토지에 용익권을 설정받은 자가 그 토지에 건물을 축조한 경우라도 그 후 저당권설정자가 그 건물의 소유권을 취득한 경우에는 일괄경매청구권이 인정된다.

420 乙이 甲 소유의 X토지에 저당권을 취득한 후, 丙이 X토지에 지상권을 취득하여 Y건물을 축조하고 甲이 그 건물의 소유권을 취득한 때에는 乙은 X토지와 Y건물에 대해 일괄경매를 청구할 수 있다. ( )

➡ ○ 저당권설정자로부터 저당토지에 용익권을 설정받은 자가 그 토지에 건물을 축조한 경우라도 그 후 저당권설정자가 그 건물의 소유권을 취득한 경우에는 일괄경매청구권이 인정된다.

29 제3취득자

421 저당물의 제3취득자가 그 부동산을 보존하거나 개량하기 위하여 필요비나 유익비를 지출한 경우에는 저당물의 경매대가에서 그 비용을 우선하여 상환받을 수 있다. ( )

➡ ○ 제3취득자에게는 필요비·유익비상환청구권이 인정된다.

422 저당부동산에 대한 후순위저당권자는 그 부동산으로 담보된 채권을 변제하고 선순위저당권의 소멸을 청구할 수 있다. ( )

➡ ✕ 저당부동산에 대하여 소유권, 지상권 또는 전세권을 취득한 자를 제3취득자라고 하고, 제3취득자는 저당권자에게 그 부동산으로 담보된 채권을 변제하고 저당권의 소멸을 청구할 수 있다. 그런데 저당부동산에 대한 후순위저당권자는 제3취득자에 해당하지 않는다. 따라서 저당부동산에 대한 후순위저당권자는 그 부동산으로 담보된 채권을 변제하고 선순위저당권의 소멸을 청구할 수 없다.

30 공동저당

423 동일한 채권의 담보로 수개의 부동산에 저당권을 설정한 경우에 그 부동산의 경매대가를 동시에 배당하는 때에는 각 부동산의 경매대가에 비례하여 그 채권의 분담을 정한다. ( )

➡ O 동시배당의 경우에는 각 부동산의 경매대가에 비례하여 채권의 분담을 정한다.

424 채무자 소유의 부동산과 물상보증인 소유의 부동산의 경매대가를 동시에 배당하는 때에는 각 부동산의 경매대가에 비례하여 채권의 분담을 정한다. ( )

➡ X 채무자 소유의 부동산과 물상보증인 소유의 부동산의 경매대가를 동시에 배당하는 때에는 공동저당권자는 먼저 채무자 소유의 부동산의 경매대가로부터 채권의 변제를 받아야 하고, 부족분이 생길 때에만 물상보증인 소유의 부동산의 경매대가에서 변제를 받아야 한다.

425 동일한 채권의 담보로 수개의 부동산에 저당권을 설정한 경우에 저당부동산 중 일부의 경매대가를 먼저 배당하는 때에는 그 대가에서 그 채권 전부의 변제를 받을 수 있다. ( )

➡ O 공동저당권자는 이시배당의 경우에는 먼저 경매된 부동산의 경락대금에서 채권의 전부를 변제받을 수 있다.

426 채무자와 물상보증인 소유의 부동산에 대해 각각 1번 저당권을 가진 자가 채무자 소유의 부동산에 대해 경매를 실행한 경우 채무자 소유의 부동산에 대한 후순위 저당권자는 물상보증인 소유의 부동산에 대해 대위권을 행사할 수 있다. ( )

➡ X 물상보증인과 채무자 소유의 부동산에 대한 후순위저당권자의 이익이 충돌하는 경우에는 물상보증인이 우선한다. 따라서 이 경우에는 채무자 소유의 부동산에 대한 후순위저당권자는 물상보증인 소유의 부동산에 대해 대위권을 행사할 수 없다.

31 근저당

427 근저당권이 유효하기 위해서는 근저당권설정행위와 별도로 근저당권의 피담보채권을 성립시키는 법률행위가 필요하다. ( )

➡ O 근저당은 계속적 거래관계로부터 발생하는 장래의 불특정채권을 채권최고액까지 담보하는 저당권이다. 따라서 근저당권이 유효하기 위해서는 근저당권설정행위와 별도로 '근저당권의 피담보채권을 성립시키는 법률행위', 즉 '계속적 거래관계' 또는 '기본계약'이 있어야 한다.

428 채권최고액은 저당목적물로부터 우선변제를 받을 수 있는 한도액을 의미하며, 이 ( )
에는 원본, 이자, 위약금, 근저당권실행비용이 모두 포함된다.

➡ ✕ 근저당권 실행비용(경매비용)은 채권최고액에 포함되지 않는다.

429 근저당권자가 피담보채무의 불이행을 이유로 경매신청을 한 경우에는 경매신청 ( )
시에 피담보채권액이 확정되나, 경매개시결정이 있은 후에 경매신청을 취하하는
경우에는 채무확정의 효과는 번복된다.

➡ ✕ 근저당권자가 피담보채무의 불이행을 이유로 경매를 신청한 경우, 근저당권의 피담보채권은 '경매신청 시'에 확정된다. 따라서 경매개시결정이 있은 후 경매신청이 취하되더라도 채무확정의 효과는 번복되지 않는다.

430 후순위근저당권자가 경매를 신청한 경우 경매를 신청하지 않은 선순위근저당권 ( )
자의 피담보채권도 경매신청 시에 확정된다.

➡ ✕ 후순위근저당권자가 경매를 신청한 경우 경매를 신청하지 않은 선순위근저당권자의 피담보채권은 경락인이 경락대금을 완납한 때에 확정된다.

431 근저당권은 피담보채권이 확정되기 이전이라면 채무의 범위나 채무자를 변경할 ( )
수 있다.

➡ ○ 피담보채권이 확정되기 전에는 채무의 범위나 채무자를 변경할 수 있다. 다만, 변경 후의 범위에 속하는 채권이나 채무자에 대한 채권만이 근저당권에 의하여 담보된다.

432 근저당권의 피담보채권이 확정되었더라도, 그 이후에 새로운 거래관계에서 발생 ( )
하는 채권도 근저당권에 의하여 담보된다.

➡ ✕ 피담보채권이 확정된 이후에 새로운 거래관계에서 발생하는 채권은 더 이상 근저당권에 의하여 담보되지 않는다.

433 확정된 피담보채권액이 채권최고액을 초과하는 경우 채무자 겸 근저당권설정자 ( )
는 채권최고액만 변제하고 근저당권설정등기의 말소를 청구할 수 있다.

➡ ✕ 채무자 겸 근저당권설정자는 확정된 피담보채권액 전부를 변제하여야 근저당권설정등기의 말소를 청구할 수 있다.

434 확정된 피담보채권액이 채권최고액을 초과하는 경우 제3취득자는 채권최고액만 ( )
변제하면 근저당권등기의 말소를 청구할 수 있다.

➡ ○ 물상보증인과 제3취득자는 채권최고액만 변제하면 근저당권설정등기의 말소를 청구할 수 있다.

435 선순위근저당권의 확정된 피담보채권액이 채권최고액을 초과하는 경우, 후순위 ( )
근저당권자는 그 채권최고액을 변제하고 선순위근저당권의 소멸을 청구할 수 있다.

➡ ✕ 후순위근저당권자는 제3취득자에 해당하지 않으므로 채권최고액만 변제하고 선순위근저당권의 소멸을 청구할 수 없다.

4일차 복습체크!

01 명의신탁된 부동산에 대해 점유취득시효가 완성된 후 명의신탁이 해지되어 명의신탁자에게 소유권이 이전된 경우 시효완성자는 명의신탁자에게 취득시효를 주장할 수 _____.

02 시효완성자는 원소유자에 의하여 취득시효가 완성된 토지에 설정된 근저당권의 피담보채무를 변제한 후 변제액 상당에 대하여 원소유자에게 부당이득반환청구권을 행사할 수 _____.

03 공유토지에 대해 3분의 2의 지분을 가진 甲은 다른 공유자 乙의 동의 없이 그 토지를 丙에게 임대할 수 _____, 丙의 차임연체액이 2기의 차임액에 달하는 때에는 단독으로 임대차계약을 해지할 수 _____.

04 지상권자의 지료지급 연체가 토지소유권의 양도 전후에 걸쳐 이루어진 경우 토지양수인에 대한 연체기간이 2년분이 되지 않는다면 양수인은 지상권소멸청구를 할 수 _____.

05 요역지가 수인의 공유인 경우에 그 1인에 의한 지역권 소멸시효의 중단 또는 정지는 다른 공유자를 위하여 효력이 _____.

06 대지와 건물이 동일인의 소유인 경우에 그 건물에 전세권을 설정한 때에는 그 대지소유권의 특별승계인은 _____ 에 대하여 지상권을 설정한 것으로 본다.

07 제3자를 직접점유자로 하여 채권자가 간접점유하는 경우에는 유치권이 성립할 수 _____, 채무자를 직접점유자로 하여 채권자가 간접점유하는 경우에는 유치권이 성립할 수 _____.

정답 01 없다 02 없다 03 있고, 있다 04 없다 05 있다 06 전세권설정자 07 있고, 없다

4일차 복습체크!

08 저당권이 설정된 토지가 「공익사업을 위한 토지 등의 취득 및 보상에 관한 법률」에 따라 협의취득된 경우, 저당권자는 그 보상금에 대하여 물상대위를 할 수 없다.

09 토지에 저당권이 설정될 당시 지상에 건물이 존재하고 있었고 그 양자가 동일 소유자에게 속하였을 때, 그 후 저당권의 실행으로 토지가 매각되기 전에 건물을 양수한 제3자에게는 법정지상권이 인정된다.

10 후순위근저당권자가 경매를 신청한 경우 경매를 신청하지 않은 선순위근저당권자의 피담보채권은 경락인이 경락대금을 완납한 때에 확정된다.

> 정답 **08** 없다 **09** 된다 **10** 경락인이 경락대금을 완납한 때

핵심체크 5일차

PART 03 계약법

1 계약의 종류 ~ 13 해약금에 의한 계약해제

✓ 핵심체크 5일차

PART 03 계약법

1 계약의 종류

436 중개계약은 민법상의 전형계약에 해당하지 않으나, 보증계약은 민법상의 전형계약에 해당한다. ( )

→ × 중개계약과 보증계약 모두 민법상의 전형계약이 아니다.

437 현상광고와 계약금계약은 요물계약에 해당한다. ( )

→ ○ 현상광고, 대물변제, 계약금계약, 보증금계약은 의사표시의 합치 이외에 현실적인 행위까지 해야 계약이 성립하므로 요물계약에 해당한다.

438 유상계약은 모두 쌍무계약에 해당한다. ( )

→ × 유상계약에는 쌍무계약도 있고(매매, 교환, 임대차 등) 편무계약도 있다(현상광고).

2 계약의 성립

439 아파트 분양광고와 하도급계약을 체결하려는 교섭당사자가 견적서를 제출하는 행위는 청약에 해당한다. ( )

→ × '청약'이 아니라 '청약의 유인'에 해당한다.

440 청약은 장차 계약의 일방 당사자가 될 특정인에 의하여 행해져야 한다. ( )

→ ○ 청약의 주체는 특정인이다.

441 불특정다수인에 대한 청약은 무효이다. ( )

→ × 청약의 상대방은 특정인뿐만 아니라 불특정인도 포함된다. 따라서 청약은 특정인에 대해서뿐만 아니라 불특정다수인에 대해서도 할 수 있다.

442 격지자 간의 청약은 도달주의에 의한다. ( )

→ ○ 대화자 간이든 격지자 간이든 청약은 항상 도달주의가 적용된다.

443 청약자가 청약의 통지를 발송한 후 그 도달 전에 사망하거나 제한능력자가 된 경우에는 청약은 효력을 잃는다. ( )

➡ ✗ 청약자가 청약의 통지를 발송한 후 사망하거나 제한능력자가 되어도 청약의 효력에 영향을 미치지 아니한다.

444 청약자가 "일정한 기간 내에 회답이 없으면 승낙한 것으로 본다."고 표시한 경우, 특별한 사정이 없으면 상대방은 이에 구속된다. ( )

➡ ✗ 청약자의 상대방은 청약을 받았다는 사실로부터 아무런 법률상의 의무를 부담하지 않는다. 따라서 청약자가 "회답이 없으면 승낙한 것으로 본다."라는 문구를 덧붙여 청약하였더라도 이는 상대방을 구속하지 않는다.

445 물품구입의 청약자가 청약과 함께 물품을 송부하면서 "만약 구입하지 않으면 반송하라. 반송하지 않으면 구입한 것으로 보겠다."라고 한 경우에 상대방이 이를 반송하지 않은 때에는 매매계약이 체결된 것으로 본다. ( )

➡ ✗ 청약자의 상대방은 청약을 받았다는 사실로부터 아무런 법률상의 의무를 부담하지 않으므로 이 경우는 물건을 수령하거나 반송할 의무가 없다. 따라서 상대방이 물품을 반송하지 않더라도 매매계약이 체결되지 않는다.

446 불특정다수인에 대한 승낙은 허용되지 않으며, 격지자 간의 계약은 승낙의 통지가 상대방에게 도달한 때에 성립한다. ( )

➡ ✗ 불특정다수인에 대한 청약은 허용되지만, 불특정다수인에 대한 승낙은 허용되지 않는다. 그리고 격지자 간의 계약은 승낙의 통지를 발송한 때에 성립한다.

447 승낙자가 청약에 대하여 조건을 붙이거나 변경을 가하여 승낙한 때에는 그 청약 거절과 동시에 새로 청약한 것으로 본다. ( )

➡ ○ 승낙은 청약의 내용과 일치하여야 한다. 따라서 승낙자가 청약에 대하여 조건을 붙이거나 변경을 가하여 승낙한 때에는 그 청약의 거절과 동시에 새로 청약한 것으로 본다.

448 승낙기간을 정하지 않은 청약에 대하여 연착된 승낙은 청약자가 이를 새 청약으로 볼 수 있다. ( )

➡ ○ 승낙기간을 정하지 않은 청약의 경우에는 상당한 기간 내에 승낙의 통지가 청약자에게 도달하지 않으면 승낙이 연착된 것으로 본다. 또한 연착된 승낙은 청약자가 이를 새 청약으로 볼 수 있다.

449 청약자의 의사표시나 관습에 의하여 승낙의 통지가 필요하지 아니한 경우에는 계약은 청약자가 승낙의 의사표시로 인정되는 사실을 안 때에 성립한다. ( )

➡ ✗ 청약자가 승낙의 의사표시로 인정되는 사실을 '안 때'가 아니라 승낙의 의사표시로 인정되는 '사실이 있는 때'에 성립한다.

450 예금자가 입금을 하고 금융기관도 이를 받아 확인을 하였으나 금융기관의 직원이 이를 입금하지 않고 횡령하였더라도 예금계약의 성립에는 영향을 미치지 아니한다. ( )

➡ O 예금자가 입금을 하는 것은 예금계약의 청약에 해당하고 금융기관이 그 돈을 받아 확인하는 것은 승낙의 의사표시로 인정되는 사실에 해당하므로 금융기관이 그 돈을 확인한 때에 예금계약이 성립한다. 따라서 금융기관의 직원이 그 돈을 입금하지 아니하고 횡령하였더라도 이는 예금계약의 성립에는 영향을 미치지 않는다.

451 당사자 간에 동일한 내용의 청약이 상호교차된 경우에는 후의 청약이 상대방에게 발송된 때에 계약이 성립한다. ( )

➡ X 후의 청약이 '발송된 때'가 아니라 양 청약이 상대방에게 '도달한 때'에 계약이 성립한다.

3 계약체결상의 과실책임

452 목적이 불능한 계약을 체결할 때에 그 불능을 알았거나 알 수 있었을 자는 불능사실에 대해 선의·무과실인 상대방이 그 계약의 유효를 믿었음으로 인하여 받은 손해를 배상하여야 한다. ( )

➡ O 원시적 불능을 목적으로 한 법률행위는 무효이나, 계약체결상의 과실책임이 문제될 수 있다. 따라서 불능을 알았거나 알 수 있었을 자는 불능사실에 대해 선의·무과실인 상대방이 입은 신뢰이익의 손해를 배상하여야 한다.

453 토지에 대한 매매계약체결 전에 이미 그 토지 전부가 공용수용된 경우 계약체결상의 과실책임이 인정될 수 있다. ( )

➡ O 계약체결상의 과실책임은 계약이 원시적 불능(원시적·객관적·전부불능)으로 무효인 경우에 적용된다.

454 계약의 목적이 불능한 사실에 대해 선의·무과실인 자는 상대방에게 생긴 신뢰이익의 손해를 배상할 필요가 없다. ( )

➡ O 계약의 목적이 불능한 사실에 대해 알았거나 알 수 있었을 자가 상대방에게 생긴 신뢰이익의 손해를 배상하는 것이다. 따라서 불능사실에 대해 선의·무과실인 자는 상대방에게 생긴 손해를 배상할 필요가 없다.

455 계약체결상의 과실책임에서, 신뢰이익의 손해가 이행이익의 손해를 초과한 경우에도 신뢰이익의 손해 전액을 배상하여야 한다. ( )

➡ X 신뢰이익의 손해가 이행이익의 손해를 초과한 경우에는 이행이익의 손해를 한도로 배상을 하면 된다.

456 계약교섭의 부당한 중도파기의 경우에 계약체결상의 과실책임을 물어 계약체결을 신뢰하여 입게 된 손해에 대해서 배상을 청구할 수 있다. ( )

➡ ✕ 계약체결상의 과실책임은 원시적 불능의 경우에만 적용되므로 계약교섭의 부당한 중도파기의 경우에 계약체결상의 과실책임을 물을 수 없다. 이 경우에는 불법행위책임을 물어 계약체결을 신뢰하여 입게 된 손해에 대해서 배상을 청구하여야 한다.

457 수량을 지정한 부동산매매계약에 있어서 실제면적이 계약면적에 미달한 경우 선의의 매수인은 매도인에게 계약체결상의 과실책임을 물을 수 있다. ( )

➡ ✕ 계약체결상의 과실책임은 원시적·객관적·전부불능의 경우에 적용된다. 따라서 수량을 지정한 매매에서 수량이 부족한 경우는 원시적·객관적·일부불능에 해당하므로 계약체결상의 과실책임이 적용되지 않는다.

4 동시이행의 항변권

458 쌍무계약의 각 당사자는 자기채무를 이행하지 않고 먼저 상대방에게 그 채무의 이행을 청구할 수 있다. ( )

➡ ○ 쌍무계약의 경우 채권자는 자기채무를 이행하지 않고 먼저 채무자에게 채무의 이행을 청구할 수 있다.

459 쌍방이 서로 채무를 부담하였다면 그 채무가 별개의 원인에 의해 생긴 경우에도 원칙적으로 동시이행의 항변권이 인정된다. ( )

➡ ✕ 쌍방이 서로 채무를 부담하여도 그 채무가 별개의 원인에 의해 생긴 경우에는 원칙적으로 동시이행의 항변권이 인정되지 않는다.

460 동시이행의 항변권은 쌍무계약을 체결한 당사자에 한하여 인정된다. ( )

➡ ✕ 동시이행의 항변권은 원칙적으로 쌍무계약의 당사자 사이에서 인정된다. 그러나 채권양도·채무인수·상속·전부명령으로 당사자가 변경되는 경우에도 채권·채무의 동일성이 유지되므로 동시이행의 항변권이 인정된다.

461 쌍무계약에 있어서, 당사자 일방의 채무가 이행불능으로 손해배상채무로 성질이 변경되는 경우에는 동시이행의 항변권이 소멸한다. ( )

➡ ✕ 당사자 일방의 채무가 이행불능으로 손해배상채무로 성질이 변경되더라도 채무의 동일성이 유지되므로 동시이행의 항변권은 존속한다.

462 당사자의 일방이 상대방에게 먼저 이행하여야 할 경우에 상대방의 이행이 곤란할 현저한 사유가 있는 때에는 자기의 채무이행을 거절할 수 있다. ( )

➡ ○ 당사자의 일방이 상대방에게 먼저 이행하여야 할 경우에 상대방의 이행이 곤란할 현저한 사유가 있는 때에는 자기의 채무이행을 거절할 수 있는데, 이를 '불안의 항변권'이라 한다.

463 선이행의무자가 이행을 지체하는 동안에 상대방의 채무의 변제기가 도래한 경우, 특별한 사정이 없는 한 쌍방의 의무는 동시이행관계가 된다. ( )

➡ O 선이행의무를 이행하지 않고 있는 동안 상대방 채무의 변제기가 도래한 경우 이행을 지체한 선이행의무자도 상대방의 청구에 대하여 동시이행의 항변권을 행사할 수 있다.

464 채무자가 자기채무의 이행을 거절하기 위해서는 동시이행의 항변권을 행사하여야 하고, 원고가 제기한 이행청구소송에서 피고가 동시이행의 항변권을 주장·입증한 경우 법원은 상환이행판결을 내려야 한다. ( )

➡ O 채무자는 동시이행의 항변권을 행사하여야 자기채무의 이행을 거절할 수 있고, 또 소송에서 이를 주장·입증한 경우 법원은 상환이행판결을 하게 된다.

465 동시이행의 항변권을 가지는 채무자가 자기채무에 대해 이행지체책임을 면하기 위해서는 동시이행의 항변권을 행사하여야 한다. ( )

➡ X 동시이행의 항변권이 존재하는 사실만으로 채무자는 자기채무에 대해 이행지체책임을 면한다. 따라서 동시이행의 항변권을 행사하지 않고 채무자가 자기채무를 이행하지 않더라도 당연히 이행지체책임을 면한다.

5 동시이행관계

466 가등기담보에 있어서 채권자의 청산금지급채무와 채무자의 목적물인도 및 본등기의무는 동시이행관계이다. ( )

➡ O 채권자의 청산금지급채무와 채무자의 목적물인도 및 본등기의무는 이행상의 견련성이 있으므로 양 채무는 동시이행관계이다.

467 임차권등기명령에 의해 등기된 임차권등기말소의무와 보증금반환의무는 동시이행관계이다. ( )

➡ X 임대인의 보증금반환의무가 임차인의 임차권등기말소의무보다 먼저 이행되어야 할 의무이다.

468 임대차계약 종료에 따른 임차인의 목적물반환의무와 임대인의 권리금회수 방해로 인한 손해배상의무는 동시이행관계이다. ( )

➡ X 임대차계약 종료에 따른 임차인의 임차목적물 반환의무와 임대인의 권리금회수 방해로 인한 손해배상의무는 동시이행관계가 아니다.

469 매도인의 토지거래허가신청절차에 협력할 의무와 매수인의 매매대금지급의무는 동시이행관계가 아니다. ( )

➡ O 토지거래허가신청절차에 협력할 의무는 부수적 의무이고 매매대금지급의무는 주된 의무이므로 양 채무는 이행상의 견련성이 없으므로 동시이행관계가 아니다.

470 저당권 실행을 위한 경매가 무효인 경우, 낙찰자의 채무자에 대한 소유권이전등기말소의무와 저당권자의 낙찰자에 대한 배당금반환의무는 동시이행관계이다. ( )

➡ X 경매가 무효가 된 경우, 낙찰자의 채무자에 대한 소유권이전등기말소의무와 저당권자의 낙찰자에 대한 배당금반환의무는 서로 이행의 상대방을 달리하므로 동시이행관계가 아니다.

471 임대차계약 해제에 따른 임차인의 목적물반환의무와 임대인의 목적물을 사용·수익하게 할 의무불이행에 대하여 손해배상하기로 한 약정에 따른 의무는 동시이행관계이다. ( )

➡ X 목적물반환의무는 임대차계약의 해제에서 발생한 의무이고, 손해배상의무는 임대차계약과는 별개의 원인에 의하여 발생한 채무이므로 양 채무는 동시이행관계가 아니다.

6 위험부담

472 편무계약의 경우 원칙적으로 위험부담의 법리가 적용되지 않는다. ( )

➡ O 쌍무계약의 경우에 위험부담의 문제가 생기므로 편무계약의 경우에는 원칙적으로 위험부담의 문제가 생기지 않는다.

473 위험부담은 쌍무계약에 있어서 채무자의 책임 있는 사유로 후발적 불능이 되었을 경우에 생기는 문제이다. ( )

➡ X 채무자의 책임 '없는' 사유로 후발적 불능이 되었을 때 생기는 문제이다.

474 쌍무계약의 당사자 일방의 채무가 당사자 쌍방의 책임 없는 사유로 이행할 수 없게 된 경우 채무자는 상대방의 이행을 청구할 수 있다. ( )

➡ X 쌍무계약의 당사자 일방의 채무가 당사자 쌍방의 책임 없는 사유로 이행할 수 없게 된 때에는 채무자는 상대방의 이행을 청구할 수 없다.

475 당사자 쌍방의 귀책사유 없는 이행불능으로 매매계약이 종료된 경우, 매도인은 이미 지급받은 계약금을 반환하지 않아도 된다. ( )

➡ X 채무자(매도인)가 위험을 부담하는 경우 채무자는 이미 반대급부(계약금 등)를 이행받았다면 이를 부당이득으로 채권자(매수인)에게 반환하여야 한다.

476 쌍무계약의 당사자 일방의 채무가 채권자의 책임 있는 사유로 이행할 수 없게 된 때에는 채무자는 상대방의 이행을 청구할 수 있다. ( )

➡ O 이 경우는 채권자가 위험을 부담하므로 채무자는 상대방에게 반대급부의 이행을 청구할 수 있다.

477 쌍무계약의 당사자 일방의 채무가 채권자의 수령지체 중 당사자 쌍방의 책임 없는 사유로 이행할 수 없게 된 때에는 채무자는 상대방의 이행을 청구할 수 있다. ( )

➡ O 이 경우도 채권자가 위험을 부담하므로 채무자는 상대방에게 반대급부의 이행을 청구할 수 있다.

478 사용자의 귀책사유로 근로자가 해고된 경우, 사용자는 임금을 지급할 때 근로자가 해고기간 중에 다른 직장에서 근무하여 지급받은 임금을 공제할 수 없다. ( )

➡ X 채권자가 위험을 부담하는 경우 채무자는 자기채무를 면함으로써 얻은 이익을 채권자에게 상환하여야 한다. 사용자의 귀책사유로 인하여 해고된 근로자가 해고기간 중에 다른 직장에서 근무하여 지급받은 임금을 '중간수입'이라 하는데, 이는 근로자가 자기의 채무를 면함으로써 얻은 이익에 해당하므로 이를 사용자에게 상환하여야 한다. 따라서 사용자는 임금을 지급할 때 중간수입을 공제할 수 있다.

479 위험부담에 관한 규정은 강행규정이므로 불가항력으로 인한 손해를 어느 일방이 부담하도록 하는 특약은 무효이다. ( )

➡ X 위험부담에 관한 규정은 임의규정이므로 불가항력으로 인한 손해를 어느 일방만 부담하도록 하는 특약도 유효하다.

7 제3자를 위한 계약

480 제3자를 위한 계약에 있어서, 제3자가 낙약자에 대해 수익의 의사표시를 하면 계약성립 시에 소급하여 제3자의 권리가 발생한다. ( )

➡ X '계약성립 시'에 소급하는 것이 아니라 '수익의 의사표시를 함과 동시'에 발생한다.

481 낙약자는 상당한 기간을 정하여 계약의 이익의 향수 여부의 확답을 제3자에게 최고할 수 있고, 이 경우 제3자가 그 기간 내에 확답을 발하지 아니한 때에는 제3자가 계약의 이익을 받을 것을 거절한 것으로 본다. ( )

➡ X 발신주의가 아니라 도달주의가 되어야 한다. 즉, 낙약자가 그 기간 내에 '확답을 받지 못한 때'에 제3자가 수익을 거절한 것으로 본다.

482 요약자가 낙약자의 채무불이행을 이유로 계약을 해제하는 경우 제3자는 낙약자에 대하여 자기에게 생긴 손해를 배상할 것을 청구할 수 있다. ( )

➡ O 제3자는 당사자는 아니지만 요약자가 계약을 해제한 경우 낙약자에게 손해배상을 청구할 수 있다.

483 제3자를 위한 계약이 성립하기 위해서는 보상관계가 유효하여야 하고, 제3자의 수익의 의사표시가 있어야 한다. ( )

→ ✕ 수익의 의사표시는 제3자를 위한 계약의 성립요건이 아니라 제3자 권리취득요건이다. 제3자를 위한 계약이 성립하기 위해서는 보상관계가 유효하여야 하고, '제3자 수익약정'이 있어야 한다.

484 제3자를 위한 계약에 있어서, 보상관계의 흠결이나 하자는 제3자를 위한 계약에 영향을 미치지 않는다. ( )

→ ✕ 보상관계가 제3자를 위한 계약의 핵심이므로 보상관계의 흠결이나 하자는 제3자를 위한 계약에 영향을 미친다.

485 제3자를 위한 계약에서 제3자는 계약체결 당시에 특정되어야 한다. ( )

→ ✕ 제3자는 계약체결 당시에는 현존·특정될 필요가 없으므로 태아나 설립 중인 법인도 제3자가 될 수 있다.

486 제3자를 위한 계약에서, 제3자가 수익의 의사표시를 한 후에는 당사자는 계약을 합의해제할 수 없다. ( )

→ ○ 제3자가 수익의 의사표시를 하여 제3자의 권리가 발생한 후에는 당사자는 이를 변경 또는 소멸시키지 못하므로 계약을 합의해제할 수 없다.

487 제3자가 수익의 의사표시를 한 이후에는 요약자는 제3자의 동의 없이 낙약자의 채무불이행을 이유로 계약을 해제할 수 없다. ( )

→ ✕ 제3자가 수익의 의사표시를 한 이후에도 요약자는 낙약자의 채무불이행을 이유로 계약을 해제할 때에 제3자의 동의를 얻을 필요는 없다.

488 낙약자의 행위 자체가 불법행위가 되거나 보상관계가 무효인 경우에는 제3자는 특별한 사정이 없는 한 불법행위나 채무불이행을 이유로 손해배상을 청구할 수 없다. ( )

→ ○ 제3자를 위한 계약은 요약자와 낙약자 사이에 낙약자가 제3자에게 일정한 급부를 할 것을 약속하고, 이에 따라 제3자가 낙약자에 대하여 직접 그 급부를 청구할 권리를 취득케 하는 계약이다. 따라서 낙약자의 행위 자체가 불법행위가 되거나, 보상관계가 무효인 경우에는 제3자는 특별한 사정이 없는 한 불법행위나 채무불이행을 이유로 손해배상을 청구할 수 없다.

489 제3자를 위한 계약에 있어서, 보상관계를 이루는 계약이 해제된 경우 낙약자는 이미 제3자에게 급부한 것에 대해 제3자를 상대로 반환을 청구할 수 없다. ( )

→ ○ 제3자는 계약의 당사자가 아니므로 낙약자는 이미 급부한 것에 대해 제3자를 상대로 그 반환을 청구할 수는 없고, 요약자에게 원상회복청구와 손해배상청구를 하여야 한다.

490 요약자가 낙약자에 대해 사기나 강박을 한 경우 낙약자는 취소로써 선의의 수익자에게 대항할 수 없다. ( )

→ ✕ 요약자가 낙약자에 대해 사기나 강박을 한 경우 낙약자는 언제나 자신의 의사표시를 취소할 수 있고, 수익자는 사기·강박의 취소로써 대항할 수 없는 제3자에 해당하지 않으므로 낙약자는 취소로써 선의의 수익자에게 대항할 수 있다.

491 제3자를 위한 계약에 있어서, 낙약자는 보상관계에 기한 항변뿐만 아니라 대가관계에 기한 항변으로 제3자에게 대항할 수 있다. ( )

→ ✕ 낙약자는 요약자와의 계약에 기한 항변(보상관계에 기한 항변, 기본관계에 기한 항변)으로 제3자에게 대항할 수 있다. 따라서 대가관계에 기한 항변으로는 제3자에게 대항할 수 없다.

8 해제권의 발생원인

492 계약의 해제와 해지는 손해배상의 청구에 영향을 미친다. ( )

→ ✕ 계약의 해제와 해지는 손해배상의 청구에 영향을 미치지 아니한다.

493 약정해제의 경우에는 원상회복의무가 없으며, 원칙적으로 손해배상을 청구할 수 없다. ( )

→ ✕ 약정해제의 경우 원상회복의무가 있다. 그러나 약정해제의 경우에는 원칙적으로 손해배상을 청구할 수 없다.

494 계약조항상의 부수적 의무위반을 이유로 약정해제권을 행사한 경우 손해배상을 청구할 수 없다. ( )

→ ○ 약정해제권을 행사한 경우에는 별도로 손해배상을 청구할 수 없다.

495 법정해제권을 배제하는 약정이 없으면, 약정해제권의 유보는 법정해제권의 성립에 영향을 미치지 아니한다. ( )

→ ○ 약정해제와 법정해제는 전혀 별개의 제도이므로 약정해제는 법정해제권의 성립에 영향을 미치지 않는다.

496 계약해제를 위한 채권자의 이행최고가 본래 이행하여야 할 채무액을 초과하는 경우에 그 최고는 언제나 부적법하고, 이러한 최고에 터잡은 계약해제는 효력이 없다. ( )

→ ✕ 이행지체에 있어서 과다최고도 원칙적으로 본래 이행하여야 할 금액의 범위에서 최고로서의 효력이 인정된다. 따라서 이러한 최고에 터잡은 계약해제도 원칙적으로 효력이 인정된다.

497 채무자가 미리 이행하지 아니할 의사를 명백히 표시하였더라도 채권자는 최고 없이 계약을 해제할 수 없다. ( )

➡ ✕ 채무자가 미리 이행하지 아니할 의사를 명백히 표시한 경우에는 채권자는 최고 없이 곧바로 자기채무를 이행하지 않고 계약을 해제할 수 있다.

498 당사자 일방이 채무를 이행하지 않겠다는 의사를 명백히 표시하였다가 이를 적법하게 철회한 경우, 상대방은 최고 없이 계약을 해제할 수 있다. ( )

➡ ✕ 이행거절의 의사표시가 적법하게 철회되었으므로 상대방은 채무의 이행을 최고를 하여야 계약을 해제할 수 있다.

499 정기행위에 있어서 당사자 일방이 그 시기에 이행하지 아니한 때에도 계약이 자동적으로 해제되는 것은 아니다. ( )

➡ ○ 해제의 의사표시를 해야 해제의 효력이 생긴다.

500 매도인의 책임 있는 사유로 이행불능이 되면 매수인은 최고 없이 곧바로 자기채무를 이행하지 않고 계약을 해제할 수 있다. ( )

➡ ○ 채무자의 채무가 이행불능이 된 경우에는 채권자는 최고 없이 곧바로 자기채무를 이행하지 않고 계약을 해제할 수 있다.

501 이행불능의 경우 채권자는 최고 없이 곧바로 계약을 해제할 수 있으나, 이 경우에는 자기 채무를 먼저 이행하여야 한다. ( )

➡ ✕ 이행불능의 경우 채권자는 최고 없이 곧바로 자기채무를 이행하지 않고 계약을 해제할 수 있다.

502 쌍무계약에서 당사자의 일방이 이행을 제공하더라도 상대방이 채무를 이행할 수 없음이 명백한지의 여부는 이행기를 기준으로 판단하여야 한다. ( )

➡ ✕ 이행기가 아니라 계약해제 시를 기준으로 판단한다.

503 부수적 의무 위반을 이유로 원칙적으로 계약을 해제할 수 있으며, 별도로 손해배상을 청구할 수 있다. ( )

➡ ✕ 부수적 의무 위반을 이유로 원칙적으로 계약을 해제할 수 없다. 그러나 손해배상은 청구할 수 있다.

504 토지거래허가를 요하는 계약의 당사자는 토지거래허가신청절차에 협력할 의무를 부담하므로, 협력의무 불이행을 이유로 토지매매계약을 해제할 수 있다. ( )

➡ ✕ 협력의무는 부수적 의무에 해당하고, 부수적 의무 위반을 이유로는 원칙적으로 계약을 해제할 수 없다.

505 부동산매매계약에 있어서 매수인이 잔금지급의무를 지체하더라도 특별한 사정이 없는 한 매도인은 소유권이전등기신청에 필요한 서류를 제공하고, 상당한 기간을 정하여 매수인의 잔금채무의 이행을 최고하여야 계약을 해제할 수 있다. ( )

➡ O 상대방에게 동시이행의 항변권이 있는 경우 계약을 해제하려고 하는 자는 반드시 자기 채무를 이행하면서 상대방에게 채무의 이행을 최고하여야 한다. 따라서 매도인의 소유권이전등기의무와 매수인은 잔금지급의무는 동시이행관계이므로, 매도인은 소유권이전등기신청에 필요한 서류를 제공하고, 상당한 기간을 정하여 잔금채무의 이행을 최고하여야 계약을 해제할 수 있다.

9 해제권의 행사

506 계약 또는 법률의 규정에 의하여 당사자의 일방이나 쌍방이 해제의 권리가 있는 때에는 그 해제는 상대방에 대한 의사표시로 하며, 해제의 의사표시는 철회하지 못한다. ( )

➡ O 해제의 상대방은 직접 상대방이며, 해제의 의사표시는 철회하지 못한다.

507 당사자의 일방 또는 쌍방이 수인인 경우에는 계약의 해제는 그 전원으로부터 또는 전원에 대하여 하여야 한다. ( )

➡ O 이를 '해제의 행사상의 불가분성'이라 한다.

508 당사자의 일방 또는 쌍방이 수인인 경우 해제의 권리가 당사자 1인에 대하여 소멸하더라도 다른 당사자의 해제권은 그대로 존속한다. ( )

➡ X 당사자의 일방 또는 쌍방이 수인인 경우 해제의 권리가 당사자 1인에 대하여 소멸한 때에는 다른 당사자에 대하여도 소멸한다. 이를 '해제의 소멸상의 불가분성'이라 한다.

509 해제의 불가분성에 관한 규정은 강행규정이므로 이와 다른 내용의 특약은 무효이다. ( )

➡ X 해제의 불가분성에 관한 규정은 임의규정이므로 이와 다른 내용의 특약은 유효하다.

10 해제의 효과

510 계약을 해제한 경우 계약은 장래에 대하여 효력을 상실하고 각 당사자에게는 원상회복의무가 생긴다. ( )

➡ X 계약을 해제한 경우 계약은 소급적으로 효력을 상실한다.

511 계약해제로 인한 양 당사자의 원상회복의무는 동시이행의 관계에 있다. ( )

➡ O 계약이 해제된 경우 각 당사자는 원상회복의무를 부담하며, 각 당사자의 원상회복의무는 동시이행의 관계에 있다.

512 계약해제의 효과로 반환할 이익의 범위는 특별한 사정이 없으면 이익의 현존 여부나 선의·악의를 불문하고 받은 이익의 전부이다. ( )

➡ O 계약을 해제한 경우 각 당사자에게는 원상회복의무가 생긴다. 원상회복은 원래의 상태로 그대로 되돌려 주는 것이므로 이익의 현존 여부나 선의·악의를 불문하고 받은 급부의 전부를 반환하여야 한다.

513 매매계약이 매수인의 귀책사유로 해제된 경우 매도인은 매수인으로부터 받은 원금만 반환하면 되고 이에 대한 이자를 가산할 필요는 없다. ( )

➡ X 계약이 해제된 경우 각 당사자에게는 원상회복의무가 생기므로 매도인은 매수인으로부터 금전을 받은 날부터 이자를 가산하여 매수인에게 반환하여야 한다.

514 해제로 인한 원상회복의 일환으로 금전을 반환하여야 하는 경우에는 그 금전을 받은 날의 다음 날부터 이자를 가산하여야 한다. ( )

➡ X 금전을 '받은 날의 다음 날'이 아니라 '받은 날'부터 이자를 가산하여야 한다.

515 합의해제로 인하여 반환할 금전에는 그 받은 날로부터 이자를 가하여야 할 의무가 없다. ( )

➡ O 합의해제는 계약이므로 단독행위를 전제로 한 해제에 관한 규정이 원칙적으로 적용되지 않는다. 따라서 합의해제의 경우에는 금전을 반환하는 경우에도 이자를 가산할 의무가 없다.

516 해제와 아울러 손해배상을 청구할 수 있는 경우는 법정해제에 한한다. ( )

➡ O 채무불이행을 원인으로 계약을 해제하는 경우, 즉 법정해제의 경우에만 따로 손해배상을 청구할 수 있다.

517 매매계약이 해제된 경우 매수인 명의로 된 소유권이전등기를 말소하여야 매도인에게 소유권이 복귀한다. ( )

➡ X 계약이 해제된 경우 그 계약의 이행으로 변동이 생겼던 물권은 말소등기 없이도 그 계약이 없었던 원상태로 복귀한다.

518 계약이 해제되기 전에 그 계약을 기초로 새로운 이해관계를 맺은 자는 선의·악의를 불문하고 제3자로서 보호를 받을 수 있다. ( )

➡ O 해제 전이면 제3자는 선의·악의를 불문하고 보호된다.

519 계약해제로 인한 말소등기가 이루어지기 전에 해제된 계약을 기초로 새로운 이해관계를 맺은 자는 계약해제사실에 대해 선의·악의를 불문하고 제3자로서 보호를 받을 수 있다. ( )

➡ X 해제 후 말소등기 전인 경우에는 계약해제사실에 대해 선의인 경우에 한해 제3자로서 보호를 받는다.

11 계약해제의 소급효로부터 보호되는 제3자

520 부동산에 대한 매매계약이 해제되기 전에 그 부동산을 매수하고 소유권이전등기를 경료한 자는 계약해제의 소급효로부터 보호되는 제3자에 해당한다. ( )

→ O 계약해제의 소급효로부터 보호되는 제3자는 물권자에 한하므로 부동산을 매수하고 소유권이전등기를 경료한 자는 제3자에 해당한다.

521 매수인과 매매예약을 체결한 후 그에 기한 소유권이전청구권보전을 위한 가등기를 마친 자는 계약해제의 소급효로부터 보호되는 제3자에 해당한다. ( )

→ O 가등기에 기한 본등기를 하면 순위보전의 효력에 의해 소유권을 취득하게 되므로 계약해제의 소급효로부터 보호되는 제3자에 해당한다.

522 계약상의 채권을 양수한 자는 계약해제의 소급효로부터 보호되는 제3자에 해당하지 않는다. ( )

→ O 계약해제의 소급효로부터 보호되는 제3자는 물권자에 한하므로 계약상의 채권을 양수한 자는 제3자에 해당하지 않는다.

523 계약이 해제되기 전에 계약상의 채권을 양수하여 이를 피보전권리로 하여 처분금지가처분결정을 받은 자는 계약해제의 소급효로부터 보호되는 제3자에 해당한다. ( )

→ X 계약해제의 소급효로부터 보호되는 제3자는 물권자에 한하므로 채권을 취득한 자는 이에 해당하지 않는다.

524 해제된 매매계약에 의하여 채무자의 책임재산이 된 부동산을 가압류한 자는 계약해제의 소급효로부터 보호되는 제3자에 해당한다. ( )

→ O 부동산을 가압류한 자는 해제된 계약을 기초로 법률상 새로운 이해관계를 맺은 경우에 해당하므로 계약해제의 소급효로부터 보호되는 제3자에 해당한다.

525 계약해제 전, 해제대상인 계약상의 채권 자체를 압류 또는 전부(轉付)한 채권자는 계약해제의 소급효로부터 보호되는 제3자에 해당한다. ( )

→ X 해제대상 매매계약에 의하여 채무자 명의로 이전등기된 부동산을 가압류 집행한 가압류채권자는 제3자에 해당하나, 해제대상인 계약상의 채권 자체를 압류 또는 전부(轉付)한 채권자는 제3자에 해당하지 않는다.

526 토지매수인으로부터 그 토지 위에 신축된 건물을 매수한 자는 토지매매계약의 해제로 인하여 보호받는 제3자에 해당하지 않는다. ( )

→ O 해제가 된 건 토지매매계약이고, 토지 위에 있는 건물을 매수한 자는 해제된 토지매매계약을 기초로 이해관계를 맺은 자가 아니므로 제3자에 해당하지 않는다.

12 매매의 예약

527 예약과 본계약은 언제나 채권계약이며, 예약은 특약 또는 관습이 없는 한 일방예약으로 추정한다. ( )

→ ✗ 예약은 언제나 채권계약이고, 본계약은 채권계약일 수도 있고, 물권계약일 수도 있고, 가족법상의 계약일 수도 있다.

528 매매의 일방예약은 상대방이 매매를 완결할 의사를 표시하는 때에 매매의 효력이 생긴다. ( )

→ ○ 일방예약은 예약완결권자가 예약완결권을 행사한 때에 본계약이 성립한다.

529 예약자는 상당한 기간을 정하여 매매완결 여부의 확답을 상대방에게 최고할 수 있고, 상당한 기간 내에 확답을 받지 못한 경우에는 예약은 효력을 상실한다. ( )

→ ○ 예약완결권자의 상대방이 상당한 기간을 정하여 매매완결 여부의 확답을 예약완결권자에게 최고할 수 있고, 상당한 기간 내에 확답을 받지 못한 경우에는 예약은 효력을 상실한다.

530 甲은 그 소유의 X부동산에 관하여 乙과 매매의 일방예약을 체결하면서 예약완결권은 乙이 가지고 20년 내에 행사하기로 약정하였다. 이 경우 乙이 예약체결 시로부터 1년 뒤에 예약완결권을 행사한 때에는, 매매는 예약체결 시로 소급하여 그 효력이 발생한다. ( )

→ ✗ '예약체결 시로 소급'하는 것이 아니라, '예약완결권을 행사한 때로부터' 매매의 효력이 발생한다.

531 예약완결권의 행사기간이 경과하였는지의 여부는 당사자의 주장이 없더라도 법원은 직권으로 이를 고려하여야 한다. ( )

→ ○ 예약완결권을 행사기간 내에 적법하게 행사하였는지의 여부는 당사자가 주장·입증하는 것이 아니라 법원의 직권조사사항이다.

532 부동산 매매예약의 경우 예약완결권의 행사기간을 약정하지 않은 경우 그 예약이 성립한 날로부터 5년 내에 이를 행사하여야 한다. ( )

→ ✗ '5년'이 아니라 '10년'이다.

533 매매예약이 성립한 이후 상대방의 예약완결권 행사 전에 목적물이 전부 멸실되어 이행불능이 된 경우에도 예약완결권을 행사할 수 있다. ( )

→ ✗ 예약완결권 행사 전에 목적물이 전부 멸실되었으므로 이 경우에는 아예 예약완결권을 행사할 수 없다.

13 해약금에 의한 계약해제

534 계약금계약은 종된 계약이자 요물계약이며, 계약금은 별도의 약정이 없더라도 위약금으로 추정된다. ( )

➡ ✗ '위약금'으로 추정되는 것이 아니고 '해약금'으로 추정된다. 해약금은 계약해제수단으로서의 성질을 말하고, 위약금은 계약위반에 대한 손해배상의 성질을 말하는데, 계약금은 이 둘 중에 해약금으로 추정된다. 따라서 계약금이 위약금의 성질을 가지려면 계약금을 위약금으로 하기로 하는 특약을 하여야 한다.

535 해약금에 의한 계약해제의 경우에도 소급효와 원상회복의무가 있으며, 별도로 손해배상을 청구할 수 있다. ( )

➡ ✗ 해약금에 의한 계약해제의 경우 원상회복의무가 없다. 또한 법정해제의 경우에만 손해배상을 청구할 수 있고, 해약금에 의한 계약해제의 경우에는 별도로 손해배상을 청구할 수 없다.

536 해약금에 의한 계약해제에 있어서, 이행의 착수란 채무이행의 일부를 행하거나 이행을 준비하는 행위를 하는 것을 말한다. ( )

➡ ✗ 이행의 착수란 채무이행의 일부를 행하거나 이행에 필요한 전제행위를 하는 것을 말하고, 이행의 준비만으로는 부족하다.

537 매수인이 약정한 계약금의 일부만을 지급한 경우, 매도인은 실제 교부받은 계약금의 배액을 상환하고 계약을 해제할 수 있다. ( )

➡ ✗ 계약금계약은 요물계약이므로 계약금이 다 지급이 되어야 계약금계약이 성립하고 그 이후에라야 해약금에 의한 계약해제를 할 수 있다. 따라서 계약금의 일부만이 지급된 경우에는 해약금에 의한 계약해제를 할 수 없다. 이 경우에 매도인이 계약을 해제하려면 일단 계약금이 다 지급되어야 하고, 다 지급받은 금액의 배액을 상환하여야 계약을 해제할 수 있다.

538 토지거래허가구역 내 토지에 관한 매매계약을 체결하고 계약금만 지급한 상태에서 토지거래허가를 받은 경우, 다른 약정이 없는 한 매도인은 계약금의 배액을 상환하고 계약을 해제할 수 없다. ( )

➡ ✗ 토지거래허가를 받은 것은 부수적 채무를 이행한 데에 불과하므로 이는 이행의 착수에 해당하지 않는다. 따라서 매도인은 토지거래허가를 받은 이후에도 계약금의 배액을 상환하고 계약을 해제할 수 있다.

539 계약금만 수령한 매도인이 매수인에게 계약의 이행을 최고하고 매매잔금의 지급을 청구하는 소송을 제기한 경우, 다른 약정이 없는 한 매수인은 계약금을 포기하고 계약을 해제할 수 없다. ( )

➡ ✗ 매도인이 매수인에게 매매계약의 이행을 최고하고 매매잔금의 지급을 구하는 소송을 제기한 것만으로 이행에 착수하였다고 볼 수 없으므로 해약금에 의한 계약해제를 할 수 있다.

540 해약금에 의한 계약해제에 관한 규정은 임의규정이며, 해약금에 의한 계약해제는 법정해제권의 성립에 영향을 미친다. ( )

→ X 해약금에 의한 계약해제와 법정해제는 전혀 별개의 제도이므로 해약금에 의한 계약해제는 법정해제권의 성립에 영향을 미치지 않는다.

541 매도인이 계약금의 배액을 상환하여 계약을 해제하는 경우, 그 이행의 제공을 하면 족하고 매수인이 이를 수령하지 않더라도 공탁까지 할 필요는 없다. ( )

→ O 공탁은 해약금에 의한 계약해제의 요건이 아니다. 따라서 매수인이 계약금의 배액을 수령하지 않더라도 매도인은 이를 공탁까지 할 필요는 없다.

542 매수인이 이행기 전에 중도금을 지급한 경우, 매도인은 특별한 사정이 없는 한 계약금의 배액을 상환하여 계약을 해제할 수 없다. ( )

→ O 특별한 사정이 없는 한 이행기 전에 이행에 착수할 수 있다. 따라서 이행기 전에 중도금을 지급할 수 있고, 중도금을 지급한 것은 이행의 착수에 해당하므로 매도인은 계약금의 배액을 상환하여 계약을 해제할 수 없다.

5일차 복습체크!

01 승낙자가 청약에 대하여 조건을 붙이거나 변경을 가하여 승낙한 때에는 그 청약거절과 동시에 새로 청약한 것으로 본다.

02 저당권 실행을 위한 경매가 무효인 경우, 낙찰자의 채무자에 대한 소유권이전등기말소의무와 저당권자의 낙찰자에 대한 배당금반환의무는 동시이행관계가 아니다.

03 쌍무계약의 당사자 일방의 채무가 채권자의 수령지체 중 당사자 쌍방의 책임 없는 사유로 이행할 수 없게 된 때에는 채무자는 상대방의 이행을 청구할 수 있다.

04 제3자를 위한 계약에서, 제3자가 수익의 의사표시를 한 후에는 당사자는 계약을 합의해제 할 수 없다.

05 계약해제의 효과로 반환할 이익의 범위는 특별한 사정이 없으면 이익의 현존 여부나 선의·악의를 불문하고 받은 이익의 전부이다.

06 해제된 매매계약에 의하여 채무자의 책임재산이 된 부동산을 가압류한 자는 계약해제의 소급효로부터 보호되는 제3자에 해당한다.

07 甲 소유의 X토지와 乙 소유의 Y주택에 대한 교환계약에 따라 각각 소유권이전등기가 마쳐진 후 계약의 해제 전 乙의 X토지를 가압류 집행한 가압류채권자는 교환계약이 해제되더라도 보호받는 제3자에 해당한다.

08 매수인이 이행기 전에 중도금을 지급한 경우, 매도인은 특별한 사정이 없는 한 계약금의 배액을 상환하여 계약을 해제할 수 없다.

정답 **01** 본다 **02** 아니다 **03** 있다 **04** 없다 **05** 전부 **06** 한다 **07** 한다 **08** 없다

핵심체크 6일차

PART 03 계약법

14 매매 일반 ~ 24 임차권의 양도와 전대

✓ 핵심체크 6일차

14 매매 일반

543 매매는 매도인이 매수인에게 재산권을 이전하고 매수인은 이에 대해 대금을 지급함으로써 성립한다. ( )
➡ ✗ 매매는 매도인이 매수인에게 재산권을 이전할 것을 '약정'하고 매수인이 이에 대해 대금을 지급할 것을 '약정'함으로써 성립한다.

544 매매계약은 재산권이전과 대금지급에 관한 합의뿐만 아니라 계약비용, 채무의 이행시기, 이행장소 등의 세부사항에 관한 합의까지 필요하다. ( )
➡ ✗ 세부사항에 관한 합의까지는 필요 없다.

545 타인 소유의 물건이나 권리 및 장래에 생길 물건이나 권리는 매매의 목적물이 될 수 없다. ( )
➡ ✗ 매매계약은 채권행위이므로 타인 소유의 물건이나 권리 및 장래에 생길 물건이나 권리도 매매의 목적물이 될 수 있다.

546 계약서작성비용, 감정평가비용, 측량비용 등 매매계약에 관한 비용을 모두 매수인이 부담하도록 하는 특약은 유효하다. ( )
➡ ○ 매매계약에 관한 비용은 당사자 쌍방이 균분하여 부담하나, 이 규정은 임의규정이므로 이를 모두 매수인이 부담하는 특약은 유효하다.

547 매매의 목적이 된 부동산에 압류·가압류등기 및 저당권·근저당권설정등기가 경료되어 있는 경우에는 매도인은 이와 같은 등기도 말소하여 아무런 부담이 없는 완전한 권리를 이전해 주어야 한다. ( )
➡ ○ 매도인은 아무런 하자가 없는 완전한 재산권을 이전해 주어야 하므로 압류·가압류등기 및 저당권·근저당권설정등기를 말소해 주어야 한다.

548 매매의 당사자 일방에 대한 의무이행의 기한이 있는 때에는 상대방의 의무이행에 대하여도 동일한 기한이 있는 것으로 본다. ( )
➡ ✗ '본다'가 아니고 '추정한다'이다. 추정과 간주는 다르다. 추정과 간주는 둘 다 입증곤란을 구제하기 위한 제도이다. 그런데 추정은 입증책임의 전환을 가져오므로 추정되는 사실을 부정하는 자가 추정되는 사실과 다른 사실을 추후에 반증을 통해 이를 번복할 수 있다. 그러나 간주는 반증만으로 추정되는 사실을 번복할 수 없고 반드시 재판을 통해서만 이를 번복할 수 있다.

549 매매의 목적물의 인도와 동시에 대금을 지급할 경우에도 매도인의 현 주소지에서 ( )
대금을 지급하여야 하고, 매수인은 목적물을 인도받은 날부터 대금의 이자를 지급하여야 한다.

➡ ✗ 목적물의 인도와 동시에 대금을 지급할 경우에는 그 인도장소에서 대금을 지급하여야 한다.

550 매매의 목적물에 대하여 권리를 주장하는 자가 있는 경우에 매수인이 매수한 권리를 잃을 염려가 있을 때에는 매수인은 그 위험의 한도에서 대금의 지급을 거절할 수 있다. ( )

➡ ○ 매매목적물에 대해 권리주장자가 있는 경우 매수인은 대금지급을 거절할 수 있다.

551 매수인이 대금지급을 거절할 정당한 사유가 있는 경우에는 매매목적물을 미리 인도받았더라도 대금에 대한 이자를 지급할 의무가 없다. ( )

➡ ○ 매수인은 목적물의 인도를 받은 날로부터 대금의 이자를 지급하여야 한다. 그러나 매수인의 대금지급의무와 매도인의 소유권이전등기의무가 동시이행관계에 있는 등으로 매수인이 대금지급을 거절할 정당한 사유가 있는 경우에는 매매목적물을 미리 인도받았더라도 대금의 이자를 지급할 의무가 없다.

552 매매계약이 있은 후에도 인도하지 아니한 목적물로부터 생긴 과실은 매수인의 대금 완납 여부를 불문하고 매도인에게 속한다. ( )

➡ ✗ 매매계약이 있은 후에도 인도하지 아니한 목적물로부터 생긴 과실은 매도인에게 속하나, 대금 완납 이후의 과실은 매수인에게 속한다.

15 매도인의 담보책임

553 매도인의 담보책임에 관한 규정은 임의규정이고, 담보책임 면제특약을 맺은 경우에는 매도인이 하자를 알고도 고지하지 않더라도 담보책임을 지지 않는다. ( )

➡ ✗ 담보책임 면제특약을 맺은 경우에도 매도인이 하자를 알고도 고지하지 않은 때에는 담보책임을 진다.

554 매매의 목적이 된 권리의 전부가 타인에게 속한 경우에 매도인이 그 권리를 취득하여 매수인에게 이전할 수 없는 때에는 매수인은 선의인 경우에 한하여 계약을 해제할 수 있다. ( )

➡ ✗ 담보책임에 있어서 전부 타인의 권리의 경우에는 매수인은 선의·악의를 불문하고 계약을 해제할 수 있다.

555 매도인의 담보책임에 있어서, 매매목적인 권리의 전부가 타인에게 속하여 권리의 전부를 이전할 수 없게 된 경우, 매도인은 선의의 매수인에게 신뢰이익의 손해를 배상하여야 한다. ( )

➡ ✕ '신뢰이익의 손해'가 아니라 '이행이익의 손해'를 배상하는 것이다.

556 타인 권리의 매매에 있어서 매도인의 귀책사유로 이행불능이 된 경우 매수인은 채무불이행을 이유로 계약을 해제하고 손해배상을 청구할 수 있다. ( )

➡ ○ 타인 권리의 매매에 있어서 매도인의 귀책사유로 이행불능이 된 경우 매수인은 담보책임과 채무불이행책임 중 어느 하나를 선택해서 행사할 수 있다. 따라서 이 경우에는 매수인은 채무불이행을 이유로 계약을 해제하고 손해배상을 청구할 수 있다.

557 매매의 목적이 된 권리의 일부가 타인에게 속함으로 인하여 매도인이 그 권리를 취득하여 매수인에게 이전할 수 없는 때에는 악의의 매수인은 그 부분의 비율로 대금의 감액을 청구할 수 없다. ( )

➡ ✕ 담보책임에 있어서 일부 타인의 권리의 경우에는 매수인은 선의·악의를 불문하고 대금감액을 청구할 수 있다.

558 권리의 일부가 타인에게 속한 경우, 선의의 매수인이 갖는 손해배상청구권은 계약한 날로부터 1년 내에 행사되어야 한다. ( )

➡ ✕ '계약한 날'이 아니라 매도인이 소유권을 취득하여 매수인에게 이전할 수 없게 된 '사실을 확실히 안 날'로부터 1년 내에 행사되어야 한다.

559 수량을 지정한 매매의 목적물의 일부가 멸실된 경우 선의의 매수인은 일부멸실의 사실을 안 날부터 1년 내에 담보책임상의 권리를 행사하여야 한다. ( )

➡ ○ 일부멸실의 경우에는 선의의 매수인만 담보책임을 물을 수 있고, 일부멸실 사실을 안 날부터 1년 내에 담보책임상의 권리를 행사하여야 한다.

560 수량을 지정한 부동산매매계약에 있어서 실제면적이 계약면적에 미달한 경우에는 담보책임을 묻는 것 외에 별도로 계약체결상의 과실책임을 물을 수 있다. ( )

➡ ✕ 담보책임이 적용되는 수량부족사례는 원시적·객관적·일부불능인 경우이고, 계약체결상의 과실책임은 원시적·객관적·전부불능의 경우에 적용되므로 수량부족사례의 경우에는 담보책임 외에 계약체결상의 과실책임을 물을 수 없다.

561 수량을 지정한 매매계약 후에 수량부족이 발생한 경우에는 수량부족에 의한 담보책임을 물을 수 없다. ( )

➡ ○ 수량을 지정한 매매계약 후에 수량부족이 발생한 경우에는 수량부족에 의한 담보책임을 물을 수 없다. 예를 들어 계약체결 시에는 100평이었는데 계약체결 후 80평으로 줄어든 경우는 후발적 불능이므로 이는 채무불이행이나 위험부담의 문제이지 담보책임 문제는 생기지 않는다.

562 매매의 목적물이 지상권, 전세권, 또는 유치권의 목적이 된 경우에 매수인이 이를 ( )
알지 못한 때에는 이로 인하여 계약의 목적을 달성할 수 없는 경우에 한하여 매수
인은 계약을 해제할 수 있다.

➡ O 이 지문은 담보책임 중 용익권에 의한 제한에 해당한다. 따라서 선의의 매수인은 하자로
인하여 계약의 목적을 달성할 수 없는 경우에 한하여 계약을 해제할 수 있다.

563 매매목적 부동산에 전세권이 설정된 경우, 계약의 목적 달성 여부와 관계없이, 선 ( )
의의 매수인은 계약을 해제할 수 있다.

➡ X 담보책임에 있어서 계약해제권은 최후의 수단으로 활용되는 제도이다. 따라서 하자로
인하여 계약의 목적을 달성할 수 없을 경우에만 계약을 해제할 수 있다.

564 저당권이 설정된 부동산의 매수인이 저당권의 행사로 그 소유권을 취득할 수 없 ( )
는 경우, 악의의 매수인은 특별한 사정이 없는 한 계약을 해제하고 손해배상을
청구할 수 있다.

➡ O 담보책임에 있어서 저당권에 의한 제한의 경우에는 매수인은 선의·악의를 불문하고 계
약해제와 손해배상을 청구할 수 있다.

565 저당권의 행사로 인한 담보책임에 있어서, 매수인이 피담보채무를 인수한 때에는 ( )
매도인에게 담보책임을 물을 수 없다.

➡ O 저당권의 행사로 인한 담보책임의 경우에는 매수인이 피담보채무를 인수하지 않았을 때
에만 매도인에게 담보책임을 물을 수 있다.

566 가등기의 목적이 된 부동산을 매수한 자는 그 뒤 가등기에 기한 본등기가 경료됨 ( )
으로써 소유권을 상실한 때에는 매도인에 대하여 권리의 전부가 타인에게 속하는
경우에 관한 담보책임을 물을 수 있다.

➡ X 가등기에 기한 본등기가 경료됨으로써 소유권을 상실하게 된 경우는 저당권의 행사로
인하여 매수인이 취득한 소유권을 상실한 경우와 유사하므로 권리의 전부가 타인에게
속하는 경우의 담보책임(제570조)이 아니라 저당권의 행사로 인한 담보책임(제576조)
이 적용된다.

567 특정물매매와 종류물매매의 경우 목적물의 하자로 인하여 계약의 목적을 달성 ( )
할 수 없는 경우 선의·무과실의 매수인은 계약해제에 갈음하여 완전물급부청구
권을 행사할 수 있다.

➡ X 완전물급부청구권은 종류매매에서만 인정되는 제도이다. 특정물매매는 다른 물건으로
대체할 수 없기 때문에 완전물급부청구권이 인정되지 않는다.

568 불특정물의 하자로 인해 매도인의 담보책임이 성립한 경우, 매수인의 권리로 민법에 규정되어 있는 권리는 대금감액청구권과 손해배상청구권 및 완전물급부청구권이다. ( )

→ ✕ 대금감액청구권은 명문규정이 없다. 종류물매매의 하자에 대한 담보책임으로 규정되어 있는 권리는 계약해제권, 손해배상청구권, 완전물급부청구권뿐이다.

569 하자담보책임으로 발생하는 매수인의 계약해제권 행사기간은 제척기간이며, 이 기간 동안 반드시 소를 제기하는 방법으로 권리행사를 하여야 한다. ( )

→ ✕ 재판상으로뿐만 아니라 재판 외에서도 권리행사를 할 수 있다.

570 하자담보책임에 기한 매수인의 손해배상청구권은 6개월의 제척기간의 적용 이외에, 부동산을 인도받은 날부터 10년의 소멸시효에 걸린다. ( )

→ ○ 하자담보책임에 기한 매수인의 손해배상청구권도 소멸시효의 대상이 될 수 있다. 따라서 부동산을 인도받은 날부터 10년이 지나면 손해배상청구권은 시효완성으로 소멸한다.

571 건축의 목적으로 매수한 토지에 대해 법적 제한으로 건축허가를 받을 수 없어 건축이 불가능하거나 벌채를 위하여 매수한 산림이 관계법규에 의하여 벌채를 하지 못한 경우, 이는 권리의 하자에 해당한다. ( )

→ ✕ 법적 제한으로 인하여 당사자가 의도한 대로 목적물을 사용할 수 없는 경우를 '법률상의 장애'라고 하는데, 판례는 이를 물건의 하자로 보고 있다.

572 매도인의 담보책임은 무과실책임이므로 하자의 발생 및 확대에 매수인에게 잘못이 있더라도 이를 참작하여 매도인의 손해배상액수를 정할 수 없다. ( )

→ ✕ 매도인의 담보책임에 있어서, 하자의 발생 및 확대에 매수인에게 잘못이 있는 경우 이를 참작하여 매도인의 손해배상액수를 정할 수 있다.

573 매매목적물의 하자로 인한 확대손해에 대하여 매도인에게 배상책임을 지우기 위해서는 매도인에게 귀책사유가 있어야 한다. ( )

→ ○ 확대손해에 대해서는 채무불이행책임을 물어야 하고, 채무불이행책임이 성립하기 위해서는 매도인에게 고의·과실이 있어야 한다.

574 경매의 경우에도 경락인은 채무자 또는 채권자에게 물건의 하자뿐만 아니라 권리의 하자에 대해서 담보책임을 물을 수 있다. ( )

→ ✕ 경매의 경우에는 권리의 하자에 대해서만 담보책임을 물을 수 있고, 물건의 하자에 대해서는 원칙적으로 담보책임을 물을 수 없다.

16 환매

575 매도인이 매매계약과 동시에 환매할 권리를 보류한 때에는 그 영수한 대금 및 매매비용을 반환하고 그 목적물을 환매할 수 있다. ( )

➡ ✕ 환매대금은 '매매대금 + 매수인이 부담한 매매비용'이다. 따라서 매도인이 매매계약과 동시에 환매할 권리를 보류한 때에는 그 영수한 대금 및 '매수인이 부담한' 매매비용을 반환하고 그 목적물을 환매할 수 있다.

576 부동산환매기간은 5년을 넘지 못하며, 환매권 행사의 경우 목적물의 과실과 대금의 이자는 특별한 약정이 없으면 이를 상계한 것으로 본다. ( )

➡ ○ 환매기간은 부동산은 5년, 동산은 3년을 넘지 못한다. 환매권 행사의 경우 목적물의 과실과 대금의 이자는 특별한 약정이 없으면 이를 상계한 것으로 본다.

577 환매기간을 정한 경우, 환매권의 행사로 발생한 소유권이전등기청구권은 특별한 사정이 없는 한 그 환매기간 내에 행사하지 않으면 소멸한다. ( )

➡ ✕ 환매권을 행사하면 제2매매계약이 성립하게 되고 이로부터 소유권이전등기청구권이 발생한다. 이 경우 소유권이전등기청구권은 환매권을 행사한 때로부터 10년의 소멸시효에 걸리므로 반드시 환매기간 내에 이를 행사하여야 하는 것은 아니다.

578 甲이 자기 토지를 乙에게 매도함과 동시에 환매특약을 하였다. 이 경우 甲의 환매권은 일신전속적 권리이므로 채권자대위권의 객체가 될 수 없다. ( )

➡ ✕ 환매권은 채권자대위권의 객체가 될 수 있다.

579 甲은 자기 소유 X토지를 3억원에 乙에게 매도하면서 동시에 환매할 권리를 보유하기로 약정하고 乙이 X토지에 대한 소유권이전등기를 마쳤다. 이때 甲의 환매권이 등기된 후 丙이 乙로부터 X토지를 매수하였다면, 乙은 환매등기를 이유로 丙의 X토지에 대한 소유권이전등기청구를 거절할 수 있다. ( )

➡ ✕ 환매특약의 등기가 처분금지의 효력이 있는 것은 아니므로 환매등기가 된 부동산의 매수인이 이를 제3자에게 매매한 경우 매수인은 환매등기를 이유로 제3자의 소유권이전등기청구를 거절할 수 없다.

17 교환

580 교환계약의 경우 보충금의 지급을 약정한 때에는 특별한 사정이 없는 한, 목적물을 인도받은 날로부터 보충금의 이자를 지급하여야 한다. ( )

➡ O 보충금에는 매매대금에 관한 규정이 준용되므로 목적물을 인도받은 날로부터 보충금의 이자를 지급하여야 한다.

581 교환계약의 각 당사자는 목적물의 하자에 대하여 담보책임을 부담하며, 교환계약의 당사자 일방의 채무가 당사자 쌍방의 책임 없는 사유로 이행할 수 없게 된 때에는 그 당사자는 상대방의 이행을 청구하지 못한다. ( )

➡ O 교환계약은 유상계약이므로 교환계약의 각 당사자는 목적물의 하자에 대하여 담보책임을 진다. 또한 교환계약은 쌍무계약이므로 위험부담에 관한 법리가 적용된다. 따라서 교환계약의 당사자 일방의 채무가 당사자 쌍방의 책임 없는 사유로 이행할 수 없게 된 때에는 그 당사자는 상대방의 이행을 청구하지 못한다.

582 甲은 자신의 2억원 상당 건물을 乙의 토지와 교환하는 계약을 체결하면서 乙로부터 1억원을 보충하여 지급받기로 하였다. 이 경우 乙이 보충금 1억원을 지급하지 아니한 때에는 甲은 교환계약을 해제할 수 있다. ( )

➡ O 보충금 미지급은 채무불이행에 해당하므로 甲은 이를 이유로 교환계약을 해제할 수 있다.

583 경매를 통해 X건물을 매수한 甲은 매각대금을 완납하지 않고 X건물을 乙 소유의 Y임야와 교환하기로 乙과 약정하였다. 이 경우 매각대금을 완납한 甲이 乙에게 X건물의 소유권을 이전하였다면 甲은 X건물의 하자에 대하여 담보책임을 지지 않는다. ( )

➡ X 교환계약도 유상계약이므로 매도인의 담보책임규정이 적용된다. 따라서 인도된 X건물에 하자가 있는 경우 甲은 담보책임을 진다.

584 甲은 자신의 2억원 상당 건물을 乙의 토지와 교환하는 계약을 체결하면서 乙로부터 1억원을 보충하여 지급받기로 하였다. 계약체결 후 건물이 乙의 과실로 소실된 경우, 乙의 보충금지급의무도 함께 소멸한다. ( )

➡ X 乙의 과실로 건물이 소실이 된 것은 채무자의 채무가 '채권자의 책임 있는 사유'로 이행할 수 없게 된 경우에 해당하므로 이때에는 채권자가 위험을 부담한다. 따라서 이 경우에는 乙의 보충금지급의무는 소멸하지 않는다.

18 임대차 일반

585 임대차계약이 성립하기 위해서는 임대인에게 임대목적물에 대한 소유권 기타 임 ( )
대권한이 있어야 한다.

➡ ✕ 임대차는 채권행위이므로 임대인에게 임대목적물에 대한 소유권 기타 임대권한이 없더라도 임대차계약이 성립할 수 있다.

586 타인 소유의 부동산을 임대하더라도 임차물이 반드시 임대인의 소유일 것을 특히 ( )
계약의 내용으로 삼은 경우가 아닌 한 착오를 이유로 임대차계약을 취소할 수 없다.

➡ ○ 타인 소유의 부동산을 임대한 것이 임대계약을 해지할 사유는 될 수 없고, 목적물이 반드시 임대인의 소유일 것을 특히 계약의 내용으로 삼은 경우라야 착오를 이유로 임차인이 임대차계약을 취소할 수 있다.

587 민법상 임대차의 최단존속기간은 2년이며, 최장존속기간은 제한이 없다. ( )

➡ ✕ 민법상 임대차에는 최단존속기간 제한규정도 없고 최장존속기간 제한규정도 없다. 특별법상의 임대차(주택임대차, 상가건물임대차)에만 최단존속기간 제한규정이 있다.

588 존속기간을 영구무한으로 정한 임대차계약은 원칙적으로 무효이다. ( )

➡ ✕ 민법상 임대차의 경우 최장존속기간을 제한하는 규정이 없으므로 존속기간을 영구무한으로 정한 임대차계약도 원칙적으로 유효하다.

589 당사자가 약정한 임대차의 존속기간이 만료한 경우 당사자는 10년을 넘지 않는 ( )
범위 내에서 기간을 갱신할 수 있다.

➡ ✕ 약정갱신의 경우에도 '자유롭게' 기간을 연장할 수 있다.

590 임대차기간의 약정이 없는 토지임대차에 있어서 임차인이 해지통고를 한 때에는 ( )
임대인이 그 통고를 받은 날로부터 3개월의 기간이 경과하여야 해지의 효력이 생긴다.

➡ ✕ 1개월의 기간이 경과하면 해지의 효력이 생긴다.

591 법정갱신에 관한 규정은 강행규정이며, 임대차가 법정갱신된 경우 전 임대차에 ( )
대하여 제3자가 제공한 담보는 기간의 만료로 소멸한다.

➡ ○ 법정갱신에 관한 규정은 강행규정이며, 법정갱신의 경우 전 임대차에 대하여 당사자가 제공한 담보는 기간이 만료하더라도 그대로 존속하고 제3자가 제공한 담보는 기간의 만료로 소멸한다.

592 당사자들의 합의에 따라 임대차기간을 연장하는 경우, 제3자가 제공한 담보는 기간의 만료로 소멸한다. ( )

➡ ✕ 법정갱신이 된 경우 제3자가 전 임대차에 대하여 제공한 담보는 기간의 만료로 소멸한다. 그러나 당사자들의 합의에 따라 임대차기간을 연장하는 경우에는 제3자가 제공한 담보는 기간의 만료로 소멸하지 않는다.

19 임대차의 효력

593 임대인은 목적물을 임차인에게 인도하여야 하고, 임차인은 계약존속 중 목적물의 사용·수익에 필요한 상태를 유지할 의무를 부담한다. ( )

➡ ✕ 목적물을 사용·수익하는 데 필요한 상태를 유지하게 할 의무는 수선의무를 말하며, 수선의무는 '임차인'이 아니라 '임대인'이 부담한다.

594 임차인이 가구전시장으로 임차하여 사용하던 건물 바닥에 결로현상이 발생하더라도 임대인은 이에 대해 수선의무를 부담하지 않는다. ( )

➡ ✕ 수선의무 발생요건: 파손 + 수리가능 + 사용·수익할 수 없는 상태
∴ 결로현상이 생긴 경우에는 임대인에게 수선의무가 있다.

595 임대인의 수선의무에 관한 규정은 강행규정이므로 임대인의 수선의무는 당사자의 특약에 의해 면제될 수 없다. ( )

➡ ✕ 임대인의 수선의무에 관한 규정은 임의규정이므로 임대인의 수선의무는 당사자의 특약에 의해 면제될 수 있다.

596 수선의무의 범위를 명시하지 않은 수선의무 면제특약의 경우 임대인이 수선의무를 면하게 되는 것은 소규모 수선뿐만 아니라 대규모 수선도 포함된다. ( )

➡ ✕ 수선의무 면제특약에서 수선의무의 범위를 명시하지 않은 경우 임대인이 수선의무를 면하게 되는 것은 소규모의 수선에 한하고, 대규모 수선비용은 여전히 임대인이 부담한다.

597 통상의 임대차의 경우 임대인은 임차인에 대하여 안전배려 또는 도난방지 등의 보호의무를 부담한다. ( )

➡ ✕ 통상의 임대차의 경우 목적물인도의무, 방해제거의무, 수선의무, 비용상환의무, 담보책임만 임대인의 의무이고 보호의무는 임대인의 의무가 아니다. 그러나 일시사용을 위한 임대차에 해당하는 숙박계약에 있어서는 숙박업자는 투숙객에 대해 안전을 배려하여야 할 보호의무를 부담한다.

598 임대인은 목적물이 통상의 사용·수익에 필요한 상태로 유지되게 해주면 족하고, 계약 당시 예상하지 아니한 임차인의 특별한 용도를 위한 사용·수익에 적합한 상태로 유지되게 해 줄 의무는 없다. ( )

➡ O 임대인은 목적물이 통상적인 사용·수익에 필요한 상태까지만 유지하여 주면 되고, 임차인의 특별한 용도를 위한 사용·수익에 적합한 상태까지 유지하게 해 줄 의무는 없다.

599 부동산임차인은 언제나 임대인에 대하여 그 임대차등기절차에 협력할 것을 청구할 수 있고, 부동산임대차를 등기한 때에는 그때부터 제3자에 대하여 효력이 생긴다. ( )

➡ X 부동산임차인은 당사자 간에 반대약정이 없으면 임대인에 대하여 그 임대차등기절차에 협력할 것을 청구할 수 있고, 부동산임대차를 등기한 때에는 그때부터 제3자에 대하여 효력이 생긴다.

600 건물의 소유를 목적으로 하는 토지임차인이 지상건물을 등기하기 전에 제3자가 토지에 관하여 물권취득의 등기를 한 경우, 그 이후에 지상건물을 등기하더라도 제3자에 대하여 토지임차권을 주장할 수 없다. ( )

➡ O 지상건물에 관한 등기가 먼저 되고 토지소유권이 이전된 경우라야 신토지소유자에게 토지임차권을 주장할 수 있다.

601 임차물의 일부가 임차인의 과실 없이 멸실 기타 사유로 인하여 사용·수익할 수 없는 때에는 그 부분의 비율에 의한 차임이 당연히 감액된다. ( )

➡ X 당연히 감액되는 것이 아니라 임차인이 감액청구를 해야 감액된다.

20 임차인의 비용상환청구권

602 임차인이 임차물에 필요비를 지출한 때에는 즉시 임대인에 대하여 그 상환을 청구할 수 있고, 유익비를 지출한 경우에는 임대차 종료 시에 그 가액의 증가가 현존한 때에 한하여 임대인의 선택에 따라 그 지출금액이나 증가액의 상환을 청구할 수 있다. ( )

➡ O 임차인은 필요비를 지출한 즉시 임대인에게 그 상환을 청구할 수 있고, 유익비를 지출한 경우에는 임대차 종료 시에 가액의 증가가 현존한 경우에 한하여 임대인의 선택에 따라 지출금액이나 증가액의 상환을 청구할 수 있다.

603 인테리어비와 간판설치비는 유익비에 해당하고, 임차인의 비용상환청구권은 임대인이 목적물을 반환받은 날부터 1년 내에 행사하여야 한다. ( )

➡ X 인테리어비, 간판설치비는 필요비 또는 유익비에 해당하지 않는다. 그리고 임차인의 비용상환청구권은 임대인이 목적물을 반환받은 날부터 6개월 내에 행사하여야 한다.

604 임차인의 비용상환청구권에 관한 규정은 편면적 강행규정이므로 비용상환청구권 포기특약은 임차인에게 불리하므로 무효이다. ( )

→ ✗ 임차인의 비용상환청구권에 관한 규정은 임의규정이므로 비용상환청구권 포기특약은 유효하다.

605 유익비상환청구권 포기특약은 임차인에게 불리한 약정으로서 무효이므로 임차인은 임대인에게 유익비상환청구를 할 수 있다. ( )

→ ✗ 임차인의 비용상환청구권에 관한 규정은 임의규정이므로 유익비상환청구권 포기특약은 유효하다. 따라서 이 경우에는 임차인은 임대인에게 유익비상환청구를 할 수 없다.

606 임대차계약에서 원상복구의 특약을 한 경우 또는 임차인이 자신의 비용을 들여 증축한 부분을 임대인의 소유로 귀속시키기로 하는 약정은 유익비상환청구권 포기특약으로서 이는 유효하다. ( )

→ ○ 원상복구특약 또는 임차인이 증축한 부분을 임대인의 소유로 하기로 하는 약정은 유익비상환청구권 포기특약에 해당하고, 임차인의 비용상환청구권에 관한 규정은 임의규정이므로 이는 유효하다.

607 임대차계약이 임차인의 채무불이행으로 해지된 경우에는 비용상환청구권이 인정되지 않는다. ( )

→ ✗ 임차인의 의무위반으로 임대차계약이 해지된 경우에도 임차인은 필요비와 유익비의 상환을 청구할 수 있다.

21 건물임차인의 부속물매수청구권

608 건물 기타 공작물의 임차인이 그 사용의 편익을 위하여 임대인의 동의를 얻어 이에 부속한 물건 및 임대인으로부터 매수한 부속물이 있는 때에는 임대차 종료 시에 임대인에 대하여 그 부속물의 매수를 청구할 수 있다. ( )

→ ○ 건물임차인은 건물의 객관적 가치를 높이기 위해 임대인의 동의를 얻어 부속시켜 놓은 물건 및 임대인으로부터 매수한 부속물에 대해서 임대차 종료 시에 임대인에게 그 매수를 청구할 수 있다.

609 건물임대차에 있어서 부속된 물건이 임차건물의 구성부분으로 된 경우 특별한 약정이 없는 한, 부속물매수청구의 대상이 된다. ( )

→ ✗ 이 경우는 독립성이 없는 경우이므로 유익비상환청구의 대상이 된다.

610 부속물매수청구권은 임차인 보호를 위하여 필수적이므로 임차인의 채무불이행으로 임대차계약이 해지된 경우에도 임차인은 부속물매수청구권을 행사할 수 있다. ( )

→ ✗ 임차인의 채무불이행으로 임대차계약이 해지된 경우에는 부속물매수청구권을 행사할 수 없다.

22 토지임차인의 갱신청구권과 지상물매수청구권

611 건물 기타 공작물의 소유 또는 식목, 채염, 목축을 목적으로 한 토지임대차의 기간이 만료한 경우에 건물, 수목 기타 지상시설이 현존한 때에는 임차인은 계약의 갱신을 청구할 수 있으며, 임대인이 계약의 갱신을 원하지 않는 경우 임차인은 임대인에 대하여 상당한 가액으로 지상물의 매수를 청구할 수 있다. ( )

➡ O 토지임대차의 존속기간이 만료하고 지상물이 현존하면 임차인은 임대인에게 계약의 갱신을 청구할 수 있고, 임대인이 갱신을 거절하면 지상물의 매수를 청구할 수 있다.

612 지상물매수청구권의 경우 지상물의 소유자뿐만 아니라 토지임대차의 존속기간이 만료하기 전에 지상물을 제3자에게 양도한 자도 지상물매수청구권을 행사할 수 있다. ( )

➡ X 지상물매수청구권은 지상물의 소유자에 한하여 행사할 수 있다. 따라서 토지임대차의 존속기간이 만료하기 전에 지상물을 제3자에게 양도한 자는 지상물매수청구권을 행사할 수 없다.

613 지상물매수청구권의 대상이 되는 건물은 임대차계약 당시의 기존 건물이거나 임대인의 동의를 얻어 신축한 것에 한하지 않는다. ( )

➡ O 지상물이 현존하기만 하면 되므로, 매수청구할 수 있는 건물은 임대차계약 당시의 기존 건물이거나 임대인의 동의를 얻어 신축한 것에 한하지 않는다.

614 지상건물의 객관적인 경제적 가치나 임대인에 대한 효용 여부는 지상물매수청구권의 행사요건이 아니다. ( )

➡ O 지상물이 현존하기만 하면 되므로 지상건물의 객관적인 경제적 가치나 임대인에 대한 효용 여부는 지상물매수청구권의 행사요건이 아니다.

615 토지임대차에서 임차인 소유건물이 임대인이 임대한 토지 이외에 임차인 또는 제3자 소유토지 위에 걸쳐서 건립되어 있는 경우, 임차인은 건물 전부에 대하여 매수청구권을 행사할 수 있다. ( )

➡ X 구분소유권의 객체가 될 수 있는 건물부분에 한해서만 매수청구권을 행사할 수 있다.

616 기간의 약정이 없는 토지임대차에 있어서 임대인이 해지통고를 한 경우에도 임차인은 갱신청구권을 행사한 후에 지상물매수청구권을 행사할 수 있다. ( )

➡ X 기간의 약정이 없는 토지임대차에 있어서 임대인이 해지통고를 한 경우에는 임차인이 갱신청구를 했어도 임대인이 이를 거절하였을 것이므로 이 경우에는 임차인은 갱신청구권을 행사하지 않고 곧바로 지상물매수청구권을 행사할 수 있다.

617 지상물매수청구권에 관한 규정은 편면적 강행규정이므로 지상물매수청구권 포기 ( )
특약은 원칙적으로 무효이다.

➡ O 토지임차인의 지상물매수청구권은 임차인 보호를 위해 필수적이므로 이에 관한 규정은 편면적 강행규정이다. 따라서 지상물매수청구권 포기특약은 임차인에게 불리하므로 원칙적으로 무효이다.

618 건물의 소유를 목적으로 한 토지임차인이 임대차가 종료하기 전에 임대인과의 사 ( )
이에 건물 기타 지상시설 일체를 포기하기로 한 약정을 한 경우에는 임대인에게
지상물의 매수를 청구할 수 없다.

➡ X 임대차가 종료하기 전에 건물 기타 지상시설 일체를 포기하기로 한 약정은 지상물매수청구권 포기특약에 해당하고, 지상물매수청구권에 관한 규정은 편면적 강행규정이므로 지상물매수청구권 포기특약은 원칙적으로 무효이다. 따라서 이 경우에는 토지임차인은 임대차의 존속기간이 만료하고 지상물이 현존한 때에는 임대인에게 지상물의 매수를 청구할 수 있다.

619 토지임차인이 2기의 차임에 이르도록 차임을 연체한 때에는 임대인은 임대차계 ( )
약을 해지할 수 있고, 이 경우에는 임차인은 지상물매수청구권을 행사할 수 없다.

➡ O 차임연체액이 2기의 차임액에 이른 때에는 임대차계약을 해지할 수 있고, 이 경우에는 임차인은 지상물매수청구권을 행사할 수 없다.

620 임대인과 임차인의 합의로 임대차계약을 해지하고 임차인이 지상건물을 철거하 ( )
기로 약정한 경우에는 임차인은 지상물매수청구권을 행사할 수 없다.

➡ O 임대인과 임차인의 합의로 임대차계약을 해지하고 합의해지의 일환으로 임차인이 지상건물을 철거하기로 약정한 경우에는 임차인이 지상물의 매수를 청구하는 것은 신의칙에 반하므로 허용되지 않는다.

23 임차인의 의무

621 차임불증액의 특약이 있더라도 그 특약을 그대로 유지시키는 것이 신의칙에 반한 ( )
다고 인정될 정도의 사정변경이 있는 경우에는 甲은 乙에게 차임의 증액을 청구
할 수 있다.

➡ O 차임불증액의 특약이 유효하지만 그 특약을 그대로 유지시키는 것이 신의칙에 반한다고 인정될 정도의 사정변경이 있으면 임대인은 임차인에게 차임의 증액을 청구할 수 있다.

622 임차인은 임대차가 종료할 때까지 선량한 관리자의 주의로 목적물을 보관하여야 ( )
하고, 선관주의의무를 다하였음은 임차인이 입증하여야 한다.

➡ X '임대차가 종료할 때까지'가 아니라 '목적물을 인도할 때까지' 선관주의의무를 부담한다.

623 임차인이 임대차계약 종료 후 동시이행의 항변권을 행사하여 임차물을 계속 점유 ( )
하였으나 이를 본래의 임대차계약상의 목적에 따라 사용·수익하지 아니하여 실
질적으로 얻은 이익이 없으면 그로 인해 임대인에게 손해가 발생하였더라도 임차
인에게는 부당이득반환의무가 없다.

➡ O 임차인이 동시이행의 항변권을 행사하여 임차물을 점유하면서 사용·수익한 바가 있으면 임대인에게 부당이득반환의무를 지는 것이다. 따라서 실질적으로 얻은 이익이 없으면 부당이득반환의무가 없다.

24 임차권의 양도와 전대

624 임차권이 등기되어 있는 경우에는 임대인의 동의가 없더라도 임차권을 양도하거 ( )
나 임차물을 전대할 수 있다.

➡ X 임대인의 동의 없이 임차권을 양도하거나 임차물을 전대하는 것은 임대인에 대한 배신행위이다. 따라서 임차권이 등기되어 있더라도 임대인의 동의가 없으면 임차권을 양도하거나 임차물을 전대할 수 없다.

625 임차인이 임대인의 동의 없이 임차권을 양도하거나 임차물을 전대한 때에는 임대 ( )
인은 언제나 임대차계약을 해지할 수 있다.

➡ X 무단양도·전대행위가 임대인에 대한 배신행위이므로 임대차계약을 해지할 수 있는 것이다. 따라서 무단양도·전대행위가 임대인에 대한 배신행위가 아닌 경우에는 임대인은 임대차계약을 해지할 수 없다.

626 임차권을 무단으로 양도한 때에도 양수인이 임차인과 부부로서 임차건물에 동거하면 ( )
서 함께 가구점을 경영하고 있는 경우에는 임대인은 임대차계약을 해지할 수 없다.

➡ O 임차권을 무단으로 양도한 경우라도 임차인과 임차권의 양수인이 부부이므로 이는 무단양도행위가 임대인에 대한 배신행위가 아니므로 임대인은 임대차계약을 해지할 수 없다.

627 임차인이 임대인의 동의를 얻어 임차물을 전대한 때에는 전차인은 직접 임대인 ( )
에 대하여 의무를 부담하고, 전차인은 임차인에 대한 차임의 지급으로써 임대인
에게 대항하지 못한다.

➡ O 동의 있는 전대의 경우 전차인은 직접 임대인에 대해 의무를 부담한다. 그리고 전차인은 전대차계약상의 차임지급시기 전에 임차인에게 차임을 지급한 경우에는 이로써 임대인에게 대항할 수 없다.

628 동의 있는 전대의 경우 임대차가 해지통고로 종료된 때에는 임대인은 전차인에 ( )
대하여 그 사유를 통지하지 아니하면 해지로써 전차인에게 대항할 수 없다.

➡ O 동의 있는 전대의 경우 임대차계약이 해지통고로 인하여 종료된 경우에는 임대인은 그 사유를 전차인에게 통지하여야 한다. 그러나 임차인의 차임연체로 임대차가 해지된 경우에는 임대인은 그 사유를 전차인에게 통지할 필요가 없다.

6일차 복습체크!

01 타인 권리의 매매에 있어서 매도인의 귀책사유로 이행불능이 된 경우 매수인은 채무불이행을 이유로 계약을 해제하고 손해배상을 청구할 수 있다.

02 저당권이 설정된 부동산의 매수인이 저당권의 행사로 그 소유권을 취득할 수 없는 경우, 악의의 매수인은 특별한 사정이 없는 한 계약을 해제하고 손해배상을 청구할 수 있다.

03 존속기간을 영구무한으로 정한 임대차계약은 원칙적으로 유효하다.

04 임대차계약에서 원상복구의 특약을 한 경우 또는 임차인이 자신의 비용을 들여 증축한 부분을 임대인의 소유로 귀속시키기로 하는 약정은 유익비상환청구권 포기특약으로서 이는 유효하다.

05 임대인과 임차인의 합의로 임대차계약을 해지하고 임차인이 지상건물을 철거하기로 약정한 경우에는 임차인은 지상물매수청구권을 행사할 수 없다.

정답 01 있다 02 있다 03 유효하다 04 유효하다 05 없다

핵심체크 7일차

PART 04 민사특별법

1 주택임대차보호법 ~ 5 부동산 실권리자명의 등기에 관한 법률

✓ 핵심체크 7일차

PART 04 민사특별법

1 주택임대차보호법

629 점포 및 사무실로 사용되던 건물에 근저당권이 설정된 후 그 건물이 주거용 건물로 용도변경되어 이를 임차한 소액임차인에게는 보증금 중 일정액을 근저당권자보다 우선하여 변제받을 권리가 없다. ( )

➡ X 주거용 건물로 용도변경된 후에 임차한 임차인에게도 최우선변제권이 인정된다.

630 주민등록의 신고는 행정청이 수리한 경우에 신고의 효력이 발생하는 것이 아니라, 행정청에 도달하기만 하면 신고로서의 효력이 발생한다. ( )

➡ X 주민등록의 신고는 행정청에 도달하기만 하면 신고로서의 효력이 발생하는 것이 아니라 행정청이 수리한 경우에 비로소 신고의 효력이 발생한다.

631 임차인이 가족과 함께 주택에 대한 점유를 계속하고 있으면서 가족의 주민등록은 그대로 둔 채 임차인만 주민등록을 일시 다른 곳으로 옮긴 경우에는 대항력을 상실하지 않는다. ( )

➡ O 가족의 주민등록은 그대로 둔 채 임차인만 주민등록을 일시 다른 곳으로 옮긴 경우에는 대항력이 유지된다.

632 정확한 지번과 동·호수로 주민등록 전입신고서를 작성·제출하였는데 담당공무원이 착오로 수정을 요구하여, 임차인이 잘못된 지번으로 수정하고 동·호수 기재를 삭제한 주민등록 전입신고서를 다시 작성·제출하여 그대로 주민등록이 된 경우에는 대항력이 인정되지 않는다. ( )

➡ O 담당공무원은 수정요구만 하였을 뿐 지번과 동·호수가 정확한지에 관한 최종적인 확인을 하지 않은 것은 임차인이므로 이 경우에는 대항력이 인정되지 않는다.

633 다가구용 단독주택 일부의 임차인이 대항력을 취득한 후에 건축물 대장상으로 다가구용 단독주택이 다세대주택으로 변경된 경우에는 대항력은 상실된다. ( )

➡ X 다가구용 단독주택 일부의 임차인이 대항력을 취득한 후에 건축물 대장상으로 다가구용 단독주택이 다세대주택으로 변경된 경우 이미 취득한 대항력은 그대로 유지된다.

634 자기 명의의 주택을 매도하면서 동시에 그 주택을 임차하는 경우 매도인이 임차인으로서 가지는 대항력은 매수인 명의의 소유권이전등기가 경료된 날에 발생한다. ( )

➡ ✕ 매수인 명의의 소유권이전등기가 경료된 다음 날부터 대항력이 발생한다.

635 주민등록 직권말소 후 「주민등록법」 소정의 이의절차에 의하여 재등록이 이루어진 경우, 그 재등록이 이루어지기 전에 임차주택에 새로운 이해관계를 맺은 선의의 제3자에 대해서는 기존 주택임차권의 대항력은 유지되지 않는다. ( )

➡ ✕ 「주민등록법」 소정의 이의절차에 의하여 재등록이 이루어진 경우, 선의의 제3자에 대해서도 기존의 주택임차권의 대항력이 계속 유지된다.

636 임차주택의 양수인이 임대인의 지위를 승계한 경우에는 임차주택의 양도 전에 발생한 연체차임도 양수인에게 승계된다. ( )

➡ ✕ 임차주택의 양수인이 임대인의 지위를 승계하더라도 임차주택의 양도 전에 발생한 연체차임이나 관리비는 원칙적으로 양수인에게 승계되지 않는다.

637 임차주택의 양수인이 보증금반환채무를 부담하게 되었더라도 그 이후에 임차인이 주민등록을 옮긴 경우에는 양수인의 보증금반환채무는 소멸한다. ( )

➡ ✕ 임차주택의 양수인이 보증금반환채무를 부담하게 된 이후에 임차인이 주민등록을 옮기더라도 이미 발생한 보증금반환채무는 소멸하지 않는다.

638 주택임차인이 지위를 강화하고자 별도로 전세권설정등기를 마친 후 「주택임대차보호법」상의 대항요건을 상실한 경우, 「주택임대차보호법」상의 대항력을 상실한다. ( )

➡ ○ 주택임차인이 별도로 전세권설정등기를 한 경우에는 주택임차인의 지위와 전세권자로서의 지위를 함께 가진다. 이 경우 임차인이 대항요건을 상실한 때에는 「주택임대차보호법」상의 대항력을 상실한다. 다만, 이 경우에도 전세권자로서의 지위는 그대로 존속한다.

639 주택의 인도와 주민등록을 마친 주택임차인은 임차주택의 환가대금에서 후순위권리자 기타 채권자보다 우선하여 보증금을 변제받을 권리가 있다. ( )

➡ ✕ 확정일자가 빠져서 틀린 지문이다. 우선변제의 요건은 대항요건과 확정일자이다. 대항요건과 확정일자를 갖춘 주택임차인은 임차주택(대지포함)의 환가대금에서 후순위권리자 기타 채권자보다 우선하여 보증금을 변제받을 권리가 있다.

640 임대차계약 체결 시에 임차주택과 그 대지가 임대인의 소유인 경우, 대항요건과 확정일자를 갖춘 임차인은 대지만 경매되더라도 그 매각대금으로부터 우선변제를 받을 수 있다. ( )

➡ ○ 임차주택에 대지도 포함되므로 주택임차인은 주택의 경락대금뿐만 아니라 대지의 경락대금에 대해서도 우선변제를 받을 수 있다.

641 주택임차인이 적법한 배당요구를 하지 아니하여 배당에서 제외된 경우 배당받은 ( )
후순위채권자를 상대로 부당이득반환청구를 할 수 없다.

→ O 주택임차인이 우선변제를 받기 위해서는 배당을 요구하여야 한다. 따라서 주택임차인이 적법한 배당요구를 하지 아니하여 배당에서 제외된 경우 배당받은 후순위채권자를 상대로 부당이득반환청구를 할 수 없다.

642 주택임차인이 주택의 인도와 주민등록을 마친 당일 또는 그 이전에 임대차계약증 ( )
서상에 확정일자를 갖춘 경우 우선변제권의 발생시기는 확정일자를 받은 다음 날이다.

→ X '확정일자를 받은 다음 날'이 아니라 '주택의 인도와 주민등록을 마친 다음 날'이다.

643 임차인이 임차주택에 대하여 보증금반환청구소송에 기한 경매를 신청하는 경우 ( )
에 반대의무의 이행 또는 이행의 제공이 집행개시요건이다.

→ X 임차인이 임차주택에 대하여 보증금반환청구소송의 확정판결에 기한 경매를 신청하는 경우에는 주택반환의무가 집행개시요건이 아니다. 즉, 주택을 반환하지 않고 경매를 신청해도 경매절차가 시작된다.

644 임차인은 임차주택을 양수인에게 인도하지 아니하면 보증금을 우선변제 받을 수 ( )
없다.

→ O 임차인이 경락대금에서 우선변제를 받으려면 임차주택을 양수인에게 인도하여야 한다.

645 대항력과 우선변제권을 겸유하고 있는 임차인이 배당요구를 하였으나 보증금 전 ( )
액을 배당받지 못한 경우에는 후행 경매절차에서 우선변제권에 의한 배당을 받을 수 있다.

→ X 대항력과 우선변제권을 겸유하고 있는 임차인이 배당요구를 하였으나 보증금 전액을 배당받지 못한 경우, 후행 경매절차에서는 우선변제권에 의한 배당을 받을 수 없다.

646 주택임차인은 경매신청 전까지 대항요건을 갖추어야 보증금 중 일정액을 다른 담 ( )
보물권자보다 우선하여 변제받을 수 있다.

→ X '경매신청 전'까지가 아니고 '경매신청의 등기 전'까지이다. 주택임차인은 경매신청의 등기 전까지 대항요건을 갖추어야 보증금 중 일정액을 다른 담보물권자보다 우선하여 변제받을 수 있다.

647 임대차가 끝난 후 보증금을 반환받지 못한 임차인은 임차주택의 소재지를 관할하 ( )
는 법원에 임차권등기명령을 신청한 즉시 대항력과 우선변제권을 취득한다.

→ X 신청만 가지고는 안 되고 임차권등기명령의 집행에 따른 임차권등기가 경료되어야 대항력과 우선변제권을 취득한다.

648 임차권등기명령의 집행에 따른 임차권등기가 끝난 주택을 그 이후에 임차한 임차인은 보증금 중 일정액에 대한 우선변제권이 인정되지 않는다. ( )

➡ O 임차권등기명령의 집행에 따른 임차권등기가 끝난 주택을 그 이후에 임차한 임차인에게는 최우선변제권이 인정되지 않는다(최우선변제권 = 보증금 중 일정액에 대한 우선변제권 = 소액보증금에 대한 우선변제권 모두 같은 말임).

649 임대인의 보증금반환의무와 임차인의 임차권등기명령에 의한 임차권등기말소의무는 동시이행관계이다. ( )

➡ X 임대인의 보증금반환의무는 임차인의 임차권등기명령에 의한 임차권등기말소의무보다 먼저 이행되어야 할 의무이다.

650 주택임차인은 임대차기간이 끝나기 6개월 전부터 1개월 전까지 임대인에게 임대차계약의 갱신을 요구할 수 있고, 이 경우 갱신되는 임대차의 존속기간은 1년으로 본다. ( )

➡ X 6개월 전부터 '2개월' 전까지이고, 존속기간은 '2년'으로 본다.

651 임차인이 계약갱신요구권 행사기간 내에 계약갱신을 요구하였더라도 임차주택의 양수인은 이 기간 내에는 실거주를 이유로 임차인의 계약갱신요구를 거절할 수 있다. ( )

➡ O 임차주택의 양수인은 임대인의 지위를 승계하므로, 임차인이 계약갱신요구권 행사기간 내에 계약갱신을 요구하였더라도 임차주택의 양수인은 이 기간 내에는 실거주를 이유로 임차인의 계약갱신요구를 거절할 수 있다.

652 계약갱신요구권을 행사한 주택임차인의 계약해지통지가 갱신된 임대차계약기간이 개시되기 전에 임대인에게 도달한 경우, 그 효력은 갱신된 임대차계약기간이 개시된 때로부터 3개월이 지난 때에 발생한다. ( )

➡ X '갱신된 임대차계약기간이 개시된 때로부터 3개월이 지난 때'가 아니라 '해지통지가 임대인에게 도달한 때로부터 3개월이 지난 때'에 발생한다.

2 상가건물 임대차보호법

653 사실행위와 더불어 영리를 목적으로 하는 활동이 함께 이루어진 경우에는 「상가건물 임대차보호법」 적용대상인 상가건물에 해당한다. ( )

➡ O 「상가건물 임대차보호법」이 적용되는지는 실지 용도에 따라 결정한다. 따라서 사실행위와 더불어 영리를 목적으로 하는 활동이 함께 이루어진 경우에는 동법이 적용된다.

654 대통령령으로 정하는 보증금액을 초과하는 상가건물의 임대차에 대하여도 대항력과 우선변제권 및 계약갱신요구권은 인정된다. ( )

➡ × 우선변제권은 인정되지 않는다. 대통령령으로 정하는 보증금액을 초과하는 상가건물의 임대차에 대하여도 대항력과 계약갱신요구권, 차임연체와 해지, 권리금보호 및 표준계약서 작성은 인정된다. 또한 계약갱신의 경우 사정변경으로 인한 차임 등의 증감청구권과 코로나폐업으로 인한 임차인의 해지권도 인정된다.

655 甲이 2023.9.1. 乙 소유의 X상가건물을 乙로부터 보증금 10억원에 기간을 정하지 않고 임차하여 「상가건물 임대차보호법」상의 대항요건과 확정일자를 갖추고 영업하고 있다. 이 경우 甲은 계약갱신요구권을 행사할 수 있다. ( )

➡ × 보증금이 10억원인 경우 기본적으로 「상가건물 임대차보호법」이 적용되지 않는다. 그러나 이 경우에도 임차인은 계약갱신요구권을 행사할 수 있다. 다만, 임대차기간을 정하지 않은 경우에는 임차인은 계약갱신요구권을 행사할 수 없다.

656 상가건물임대차에 있어서 임차건물의 양수인이 임대인의 지위를 승계하는 경우, 임차건물의 소유권이 이전되기 전에 이미 발생한 연체차임도 보증금반환의무와 함께 임차건물의 양수인에게 이전한다. ( )

➡ × 임차건물의 소유권이 이전되기 전에 이미 발생한 연체차임은 별도의 채권양도절차가 없는 한 원칙적으로 임차건물의 양수인에게 이전되지 않는다.

657 건물을 인도받고 사업자등록을 신청한 임차인은 「민사집행법」에 따른 경매 시 임차건물의 환가대금에서 후순위권리자나 그 밖의 채권자보다 우선하여 보증금을 변제받을 권리가 있다. ( )

➡ × 확정일자가 빠져서 틀린 지문이다. 대항요건과 확정일자를 갖추어야 우선변제권이 인정된다.

658 상가건물의 임차인은 임대차기간이 만료되기 6개월 전부터 2개월 전까지 사이에 임대인에게 계약의 갱신을 요구할 수 있으며, 이는 최초의 임대차기간을 포함한 전체 임대차기간이 10년을 초과하지 아니하는 범위에서만 행사할 수 있다. ( )

➡ × 6개월 전부터 '1개월' 전까지이다.

659 상가건물의 임차인이 2기의 차임액에 해당하는 금액에 이르도록 차임을 연체한 사실이 있거나, 임차건물의 일부를 경미한 과실로 파손한 경우에 임대인은 임차인의 계약갱신요구를 거절할 수 있다. ( )

→ ✕ '3기'라야 거절할 수 있고, '고의 또는 중대한 과실'로 파손한 경우라야 거절할 수 있다.

660 「상가건물 임대차보호법」이 적용되는 상가건물의 임차인이 임대차기간 만료 1개월 전부터 만료일 사이에 갱신거절의 통지를 한 경우에는 임대차기간의 만료일에 임대차가 종료한다. ( )

→ ○ 「상가건물 임대차보호법」이 적용되는 상가건물의 임차인이 임대차기간 만료 1개월 전부터 만료일 사이에 갱신거절의 통지를 한 경우, 임대차계약의 묵시적 갱신이 인정되지 않고 임대차기간의 만료일에 임대차가 종료한다.

661 「상가건물 임대차보호법」이 적용되는 상가건물의 과반수지분권자인 임대인은 단독으로 임차인에게 갱신거절의 통지를 할 수 있다. ( )

→ ○ 상가건물이 수인의 공유인 경우 임대차계약을 체결하는 행위, 임대차계약을 해지하는 행위 및 임대인이 임차인에게 갱신거절의 통지를 하는 행위 모두 공유물의 관리행위에 해당한다. 따라서 과반수지분권자인 임대인은 단독으로 갱신거절의 통지를 할 수 있다.

662 상가건물의 임대인은 임대차기간이 끝나기 6개월 전부터 1개월 전까지 임차인이 주선한 신규임차인이 되려는 자에게 권리금을 요구하는 등의 행위를 함으로써 권리금계약에 따라 임차인이 그가 주선한 신규임차인이 되려는 자로부터 권리금을 지급받는 것을 방해하여서는 아니 된다. ( )

→ ✕ 6개월 전부터 '임대차 종료 시'까지이다.

663 「상가건물 임대차보호법」상 임차인이 그가 주선한 신규임차인이 되려는 자로부터 권리금을 지급받는 것을 방해한 임대인에게 손해배상을 청구할 권리는 임대차가 종료한 날부터 5년 이내에 행사하지 않으면 시효의 완성으로 소멸한다. ( )

→ ✕ '5년'이 아니라 '3년'이다.

3 집합건물의 소유 및 관리에 관한 법률

664 구분건물이 되기 위해서는 구조상·이용상의 독립성과 구분행위가 있어야 하는 ( )
데, 구분행위로 인정받기 위해서 등기부에 구분건물로 등기될 필요는 없으나, 적
어도 집합건축물대장에 구분건물로 등록은 되어야 한다.

➡ ✕ 구분행위로 인정받기 위해서 등기부에 구분건물로 등기되거나 집합건축물대장에 등록
될 필요는 없다(분양계약이나 건축허가 신청만으로도 됨).

665 건물의 시공자가 전유부분에 대하여 구분소유자에게 지는 담보책임의 존속기간 ( )
은 사용승인일부터 기산한다.

➡ ✕ 전유부분에 대한 담보책임의 존속기간은 '구분소유자에게 인도한 날'부터 기산하고, 공
용부분에 대한 담보책임의 존속기간은 사용승인일 또는 사용검사일부터 기산한다.

666 집합건물법상의 대지사용권은 법원의 강제경매절차에 의해서 전유부분과 분리되어 ( )
처분될 수 있다.

➡ ✕ 대지사용권은 원칙적으로 전유부분과 분리해서 처분할 수 없으므로 법원의 강제경매절
차에 의해서도 전유부분과 분리하여 처분할 수 없다.

667 집합건물의 공용부분은 시효취득의 대상이 될 수 없고, 공용부분의 사용과 비용 ( )
부담은 전유부분의 지분비율에 따른다.

➡ ✕ 각 공유자는 공용부분을 그 용도에 따라 사용할 수 있다.

668 공용부분에 대한 공유자의 지분은 그가 가지는 전유부분의 처분에 따르나, 공용 ( )
부분에 관한 물권의 득실변경은 등기가 필요하다.

➡ ✕ 공용부분에 관한 물권의 득실변경은 등기가 필요하지 않다.

669 전유부분이 속하는 1동의 건물의 설치 또는 보존의 흠으로 인하여 다른 자에게 ( )
손해를 입힌 경우에는 그 흠은 전유부분에 존재하는 것으로 추정한다.

➡ ✕ '전유부분'이 아니라 '공용부분'에 존재하는 것으로 추정한다.

670 공용부분의 변경에 관한 사항은 구분소유자의 4분의 3 이상 및 의결권의 4분의 3 ( )
이상의 다수에 의한 집회결의로써 결정하는 것이 원칙이다.

➡ ✕ 구분소유자의 '3분의 2' 이상 및 의결권의 '3분의 2' 이상의 다수에 의한 집회결의로써
결정하는 것이 원칙이다.

671 「집합건물의 소유 및 관리에 관한 법률」상 구분소유권과 대지사용권의 범위나 내용에 변동을 일으키는 공용부분의 변경에 관한 사항은 관리단집회에서 구분소유자의 4분의 3 이상 및 의결권의 4분의 3 이상의 결의로써 결정한다. ( )

→ × 구분소유권과 대지사용권의 범위나 내용에 변동을 일으키는 공용부분의 변경에 관한 사항은 관리단집회에서 구분소유자의 '5분의 4' 이상 및 의결권의 '5분의 4' 이상의 결의로써 결정한다.

672 아파트의 특별승계인은 전 입주자의 공용부분의 체납관리비와 그 연체료를 승계한다. ( )

→ × 공용부분의 체납관리비는 승계하나, 연체료는 승계하지 않는다.

673 구분소유권의 특별승계인이 구분소유권을 다시 제3자에 이전한 경우에는 자신의 전(前) 구분소유자의 공용부분에 대한 체납관리비를 지급할 의무를 면한다. ( )

→ × 구분소유권의 특별승계인은 구분소유권을 다시 제3자에 이전한 경우에도 이전 구분소유자들의 채무를 중첩적으로 인수하므로, 여전히 자신의 전(前) 구분소유자의 공용부분에 대한 체납관리비를 지급할 책임을 진다.

674 집합건물의 구분소유자가 관리단집회 결의나 다른 구분소유자의 동의 없이 공용부분을 독점적으로 점유·사용하고 있는 경우, 다른 구분소유자는 공용부분의 보존행위로서 그 인도를 청구할 수 있다. ( )

→ × 집합건물의 구분소유자가 관리단집회 결의나 다른 구분소유자의 동의 없이 공용부분을 독점적으로 점유·사용하고 있는 경우, 다른 구분소유자는 공용부분의 보존행위로서 그 인도를 청구할 수 없다.

675 구분소유자 중 일부가 정당한 권원 없이 구조상 공용부분인 복도를 배타적으로 점유·사용하여 다른 구분소유자가 사용하지 못하였더라도 이로 인하여 얻은 이익을 다른 구분소유자에게 부당이득으로 반환할 필요가 없다. ( )

→ × 구분소유자 중 일부가 정당한 권원 없이 구조상 공용부분인 복도를 배타적으로 점유·사용하여 다른 구분소유자가 사용하지 못하였다면, 특별한 사정이 없는 한 이로 인하여 얻은 이익을 다른 구분소유자에게 부당이득으로 반환하여야 한다.

676 입주자대표회의는 공동주택의 구분소유자를 대리하여 구분소유권에 기초한 방해제거청구권을 행사할 수 있다. ( )

→ × 단체는 단체 자신의 권리를 침해당한 경우를 제외하고는 구성원의 권리를 대신 행사할 수 없다. 따라서 입주자대표회의는 공동주택의 구분소유자를 대리하여 구분소유권에 기초한 방해제거청구권을 행사할 수 없다.

677 구분소유자가 20인 이상인 경우에 한하여 관리단을 대표하고 관리단의 사무를 ( )
집행할 관리인을 선임하여야 하고, 구분소유자가 아닌 자는 관리인이 될 수 없다.

➡ ✕ 10인 이상일 때에 관리인을 선임하는 것이고, 관리인은 구분소유자일 필요가 없으므로 구분소유자가 아닌 자도 관리인이 될 수 있다.

678 관리인에게 부정한 행위나 그밖에 그 직무를 수행하기에 적합하지 아니한 사정이 ( )
있을 때에는 관리단집회의 결의에 의하여 지정된 구분소유자는 관리인의 해임을
법원에 청구할 수 있다.

➡ ✕ '관리단집회의 결의에 의하여 지정된 구분소유자'가 아니라 '각 구분소유자'가 관리인의 해임을 법원에 청구할 수 있다.

679 「집합건물의 소유 및 관리에 관한 법률」에 있어서, 구분소유자의 5분의 1 이상으 ( )
로서 의결권의 5분의 1 이상을 가진 자가 회의의 목적사항을 구체적으로 밝혀 관
리단집회의 소집을 청구한 때에는 관리인은 관리단집회를 소집하여야 한다.

➡ ✕ 구분소유자의 5분의 1 이상이면 되고 의결권의 5분의 1 이상일 필요까지는 없다.

680 집합건물의 관리단집회는 구분소유자 전원의 동의가 있는 때에는 소집절차를 거 ( )
치지 아니하고 소집할 수 있으나, 이 경우에도 통지하지 않은 사항에 대해서는
결의할 수 없다.

➡ ✕ 구분소유자 전원의 동의가 있으면 소집절차를 생략할 수 있고 이 경우에는 통지하지 않은 사항에 대해서도 결의할 수 있다.

681 「집합건물의 소유 및 관리에 관한 법률」에 있어서, 관리단의 재산으로 채무를 전 ( )
부 변제할 수 없게 된 경우, 각 구분소유자는 연대하여 관리단의 채무 전부를 변
제할 책임이 있음이 원칙이다.

➡ ✕ 관리단의 재산으로 채무를 전부 변제할 수 없게 된 경우, 각 구분소유자는 지분비율로 관리단의 채무를 변제할 책임을 지는 것이 원칙이다.

682 「집합건물의 소유 및 관리에 관한 법률」에 있어서, 재건축결의는 구분소유자의 4 ( )
분의 3 이상 및 의결권의 4분의 3 이상의 다수에 의한 결의에 따른다.

➡ ✕ 구분소유자의 '5분의 4' 이상 및 의결권의 '5분의 4' 이상이다.

683 주거용 집합건물을 철거하고 상가용 집합건물을 신축하기로 하는 재건축결의는 ( )
원칙적으로 허용되지 않는다.

➡ ✕ 재건축 시에 용도의 제한이 없으므로 주거용 집합건물을 철거하고 상가용 집합건물을 재건축하는 결의도 허용된다.

4 가등기담보 등에 관한 법률

684 공사대금채권과 매매대금채권을 담보하기 위하여 부동산에 가등기한 경우에도 ( )
「가등기담보 등에 관한 법률」이 적용된다.

➡ ✕ 「가등기담보 등에 관한 법률」은 소비대차에 기한 채권에만 적용되므로 공사대금채권과 매매대금채권을 담보하기 위하여 가등기한 경우에는 적용되지 않는다.

685 재산권이전의 예약 당시 가등기담보의 목적이 된 부동산에 선순위저당권이 존재 ( )
하는 경우, 그 피담보채무를 공제하지 않은 재산의 가액이 차용액과 이에 붙인 이자를 합산한 액수를 초과하면 「가등기담보 등에 관한 법률」이 적용된다.

➡ ✕ 가등기담보 목적부동산에 선순위저당권이 존재하는 경우에는 그 부동산의 가액에서 피담보채무액을 공제한 나머지 가액이 차용액과 이에 붙인 이자를 합산한 액수를 초과하는 경우에만 동법이 적용된다.

686 가등기담보에 있어서, 예약 당시의 목적물의 가액이 차용액과 이에 붙인 이자를 ( )
합산한 액수에 미달하는 경우에는 청산금이 없다는 뜻을 통지하여야 한다.

➡ ✕ 예약 당시의 목적물의 가액이 차용액과 이에 붙인 이자를 합산한 액수에 미달하는 경우에는 아예 「가등기담보 등에 관한 법률」이 적용되지 않으므로 청산금에 대한 실행통지의무 자체가 전혀 발생하지 않는다.

687 채권자가 나름대로 평가한 청산금의 액수가 객관적인 평가액에 미달하는 경우에 ( )
는 담보권 실행통지로서의 효력이 없다.

➡ ✕ 채권자가 나름대로 평가한 청산금의 액수가 객관적인 평가액에 미달하더라도 담보권 실행통지로서의 효력은 인정된다.

688 귀속청산에서 변제기 후 청산금의 평가액을 채무자에게 통지한 경우, 채권자는 ( )
그가 통지한 청산금의 금액에 관하여 다툴 수 있다.

➡ ✕ 채권자는 자신이 직접 청산금의 평가액을 계산하므로 이에 관하여 다툴 수 없다(채무자만 다툴 수 있음).

689 채무자는 청산기간이 경과하기 전에 한 청산금에 관한 권리의 양도로써 후순위권 ( )
리자에게 대항할 수 있다.

➡ ✕ 채무자는 청산기간이 지나기 전에 한 청산금에 관한 권리의 양도로써 후순위권리자에게 대항할 수 없다.

690 가등기담보권이 설정된 부동산에 대해 저당권을 취득한 자는 청산기간에 한정하 ( )
여 그 피담보채권의 변제기 도래 전이라도 목적부동산의 경매를 청구할 수 있다.

➡ ○ 후순위권리자는 청산기간에 한정하여 그 피담보채권의 변제기 도래 전이라도 담보목적부동산의 경매를 청구할 수 있다.

691 가등기담보권자가 경매를 청구하는 방법을 선택하여 경매절차가 진행 중인 경우 ( )
에도 채무자에게 청산금을 지급한 후에 가등기에 기한 본등기를 청구할 수 있다.

➡ X 가등기담보권자가 경매를 청구하는 방법을 선택하여 경매절차가 진행 중인 경우에는 가등기에 기한 본등기를 청구할 수 없다.

692 가등기담보의 경우 청산절차 종료 후 담보목적물에 대하여 사용·수익권은 가등 ( )
기담보권자인 채권자에게 있다.

➡ O 가등기담보의 경우 담보목적물에 대한 사용·수익권은 가등기담보권설정자에게 있다. 그러나 청산절차가 종료되면 담보목적물에 대하여 사용·수익권은 가등기담보권자인 채권자에게 있다.

5 부동산 실권리자명의 등기에 관한 법률

693 양도담보, 가등기담보, 상호명의신탁(구분소유적 공유) 및 「신탁법」상의 신탁은 ( )
「부동산 실권리자명의 등기에 관한 법률」이 적용되지 않는다.

➡ O 이 네 가지의 경우에는 「부동산 실권리자명의 등기에 관한 법률」이 적용되지 않는다.

694 「부동산 실권리자명의 등기에 관한 법률」상의 특례가 적용되는 배우자 간 명의신 ( )
탁에 있어서 배우자는 법률상의 배우자뿐만 아니라 사실혼 배우자도 포함된다.

➡ X 특례가 적용되는 배우자 간 명의신탁에 있어서의 배우자는 법률상의 배우자에 한한다(사실혼배우자는 포함X).

695 甲은 조세포탈, 강제집행 면탈 또는 법령상의 제한 회피를 목적으로 하지 않고, ( )
배우자 乙과의 명의신탁약정에 따라 자신의 X토지를 乙 명의로 소유권이전등기를 마쳐주었다. 丁이 X토지를 불법점유하는 경우, 甲은 직접 丁에 대하여 소유권에 기한 방해제거청구권을 행사할 수 있다.

➡ X 명의신탁이 유효한 경우 대외적 소유권은 수탁자에게 있으므로 수탁자만 직접 제3자에게 소유권에 기한 방해제거청구권을 행사할 수 있다. 따라서 신탁자는 직접 제3자에게 소유권에 기한 방해제거청구를 할 수는 없고, 수탁자를 대위하여 방해제거청구를 할 수 있을 뿐이다.

696 甲은 법령상 제한을 회피하기 위해서 친구 乙과 명의신탁약정을 맺고 자기 소유 ( )
의 X건물에 대해 乙 명의로 소유권이전등기를 마쳤다. 이 경우 甲은 언제든지 명의신탁약정을 해지하여 乙을 상대로 소유권이전등기를 청구할 수 있다.

➡ X 이자 간 명의신탁의 경우 명의신탁약정이 무효이므로 甲은 명의신탁 해지를 원인으로 소유권이전등기를 청구할 수 없고, 소유권에 기한 방해제거청구권을 행사하여 말소등기나 이전등기를 청구하여야 한다.

697 이자 간 명의신탁의 경우, 수탁자의 처분행위로 제3자가 유효하게 소유권을 취득 ( )
하였다가 다시 수탁자가 소유권을 취득한 때에는 신탁자는 수탁자에게 소유물반
환청구를 할 수 있다.

→ × 이자 간 명의신탁의 경우, 수탁자가 신탁부동산을 처분하여 제3자가 유효하게 소유권을 취득한 후 다시 신탁부동산의 소유권을 취득하였더라도, 신탁자는 수탁자에게 소유권에 기한 물권적 청구권을 행사할 수 없다.

698 甲은 乙 소유의 부동산을 매수하려고 마음먹고, 세금관계 등의 이유로 인척인 丙 ( )
의 이름을 빌려 丙 앞으로 소유권이전등기를 해 두기로 丙과 합의한 뒤, 乙에게
이러한 사정을 이야기하고 乙과 위 부동산을 매수하는 매매계약을 체결하여 丙
명의로 소유권이전등기를 마쳤다. 이 경우 乙은 丙에 대하여 소유권이전등기의
말소를 청구할 수 있다.

→ O 등기명의신탁의 경우 명의신탁약정과 등기에 의한 물권변동이 무효이므로 소유권은 당연히 원소유자에게 복귀한다. 따라서 乙은 丙에 대하여 소유권이전등기의 말소를 청구할 수 있다.

699 「부동산 실권리자명의 등기에 관한 법률」 시행 후에 이루어진 계약명의신탁에 ( )
있어서 매도인이 선의인 경우, 신탁자는 수탁자를 상대로 부동산 자체에 대해 반
환청구를 할 수 있다.

→ × 「부동산 실권리자명의 등기에 관한 법률」 시행 후이므로 '부동산'이 아니라 '매수자금'에 대해서만 반환청구를 할 수 있다.

700 2022.8.16. 甲은 조세포탈의 목적으로 친구인 乙과 명의신탁약정을 맺고 乙은 ( )
이에 따라 甲으로부터 매수자금을 받은 후 甲·乙 간의 명의신탁약정 사실을 모른
丙 소유의 X토지를 자신의 명의로 매수하여 등기를 이전받았다. 이 경우 甲은 乙
에 대해 가지는 매수자금 상당의 부당이득반환청구권에 기하여 X토지에 유치권
을 행사할 수 있다.

→ × 계약명의신탁에 있어서 매도인이 선의인 경우 명의신탁약정은 무효이지만, 매매계약과 등기에 의한 물권변동이 유효하므로 위 부동산의 소유권은 수탁자에게 있다. 다만, 신탁자는 수탁자를 상대로 매수자금에 대한 부당이득반환청구를 할 수 있다. 그러나 이때에도 매수자금에 대한 부당이득반환청구권은 부동산 자체로부터 발생한 채권이 아니므로 이를 담보하기 위하여 유치권을 행사할 수는 없다.

7일차 복습체크!

01 자기 명의의 주택을 매도하면서 동시에 그 주택을 임차하는 경우 매도인이 임차인으로서 가지는 대항력은 매수인 명의의 소유권이전등기가 _____ 부터 발생한다.

02 임차권등기명령의 집행에 따른 임차권등기가 끝난 주택을 그 이후에 임차한 임차인은 보증금 중 일정액에 대한 우선변제권이 인정 _____.

03 「상가건물 임대차보호법」이 적용되는 상가건물의 과반수지분권자인 임대인은 단독으로 임차인에게 갱신거절의 통지를 할 수 _____.

04 집합건물법상의 대지사용권은 법원의 강제경매절차에 의해서 전유부분과 분리되어 처분될 수 _____.

05 가등기담보권이 설정된 부동산에 대해 저당권을 취득한 자는 청산기간에 한정하여 그 피담보채권의 변제기 도래 전이라도 목적부동산의 경매를 청구할 수 _____.

06 이자 간 명의신탁의 경우, 수탁자의 처분행위로 제3자가 유효하게 소유권을 취득하였다가 다시 수탁자가 소유권을 취득한 때에는 신탁자는 수탁자에게 소유물반환청구를 할 수 _____.

정답 **01** 경료된 다음 날 **02** 되지 않는다 **03** 있다 **04** 없다 **05** 있다 **06** 없다

에듀윌이
너를
지지할게

ENERGY

삶의 순간순간이
아름다운 마무리이며
새로운 시작이어야 한다.

– 법정 스님

memo

2025 에듀윌 공인중개사 심정욱 핵심체크 OX 민법 및 민사특별법

발 행 일	2025년 1월 5일 초판
편 저 자	심정욱
펴 낸 이	양형남
펴 낸 곳	㈜에듀윌
I S B N	979-11-360-3475-5
등록번호	제25100-2002-000052호
주 소	08378 서울특별시 구로구 디지털로34길 55 코오롱싸이언스밸리 2차 3층

* 이 책의 무단 인용·전재·복제를 금합니다.

www.eduwill.net
대표전화 1600-6700

여러분의 작은 소리
에듀윌은 크게 듣겠습니다.

본 교재에 대한 여러분의 목소리를 들려주세요.
공부하시면서 어려웠던 점, 궁금한 점,
칭찬하고 싶은 점, 개선할 점, 어떤 것이라도 좋습니다.

에듀윌은 여러분께서 나누어 주신 의견을
통해 끊임없이 발전하고 있습니다.

에듀윌 도서몰 book.eduwill.net
- 부가학습자료 및 정오표: 에듀윌 도서몰 → 도서자료실
- 교재 문의: 에듀윌 도서몰 → 문의하기 → 교재(내용, 출간) / 주문 및 배송

에듀윌 직영학원에서 합격을 수강하세요

언제나 전문 학습 매니저와 상담이 가능한 안내데스크

고품질 영상 및 음향 장비를 갖춘 최고의 강의실

재충전을 위한 카페 분위기의 아늑한 휴게실

에듀윌의 상징 노란색의 환한 학원 입구

에듀윌 직영학원 대표전화

공인중개사 학원 02)815-0600	공무원 학원 02)6328-0600	편입 학원 02)6419-0600
주택관리사 학원 02)815-3388	소방 학원 02)6337-0600	부동산아카데미 02)6736-0600
전기기사 학원 02)6268-1400		

공인중개사학원 바로가기

합격하고 꼭 해야 할 것 1

에듀윌 공인중개사 동문회 특권

1. 에듀윌 공인중개사 합격자 모임

2. 앰배서더 가입 자격 부여

3. 동문회 인맥북

4. 개업 축하 선물

5. 온라인 커뮤니티

6. 오프라인 커뮤니티

7. 공인중개사 취업박람회

8. 동문회 주최 실무 특강

9. 프리미엄 복지혜택

10. 마이오피스

11. 동문회와 함께하는 사회공헌활동

※ 본 특권은 회원별로 상이하며, 예고 없이 변경될 수 있습니다.

에듀윌 공인중개사 동문회 | dongmun.eduwill.net
문의 | 1600-6700

합격하고 꼭 해야 할 것 2

에듀윌 부동산 아카데미
강의 듣기

성공 창업의 필수 코스
부동산 창업 CEO 과정

1 튼튼 창업 기초
- 창업 입지 컨설팅
- 중개사무 문서작성
- 성공 개업 실무TIP

2 중개업 필수 실무
- 온라인 마케팅
- 세금 실무
- 토지/상가 실무
- 재개발/재건축

3 실전 Level-Up
- 계약서작성 실습
- 중개영업 실무
- 사고방지 민법실무
- 빌딩 중개 실무
- 부동산경매

4 부동산 투자
- 시장 분석
- 투자 정책

부동산으로 성공하는
컨설팅 전문가 3대 특별 과정

마케팅 마스터
- 데이터 분석
- 블로그 마케팅
- 유튜브 마케팅
- 실습 샘플 파일 제공

디벨로퍼 마스터
- 부동산 개발 사업
- 유형별 절차와 특징
- 토지 확보 및 환경 분석
- 사업성 검토

빅데이터 마스터
- QGIS 프로그램 이해
- 공공데이터 분석 및 활용
- 컨설팅 리포트 작성
- 토지 상권 분석

경매의 神과 함께 '중개'에서
'경매'로 수수료 업그레이드

- 공인중개사를 위한 경매 실무
- 투자 및 중개업 분야 확장
- 고수들만 아는 돈 되는 특수 물권
- 이론(기본) - 이론(심화) -
  임장 3단계 과정
- 경매 정보 사이트 무료 이용

실전 경매의 神
안성선
이주왕
장석태

에듀윌 부동산 아카데미 | uland.eduwill.net
문의 | 온라인 강의 1600-6700, 학원 강의 02)6736-0600

꿈을 현실로 만드는
에듀윌

DREAM

공무원 교육
- 선호도 1위, 신뢰도 1위! 브랜드만족도 1위!
- 합격자 수 2,100% 폭등시킨 독한 커리큘럼

자격증 교육
- 8년간 아무도 깨지 못한 기록 합격자 수 1위
- 가장 많은 합격자를 배출한 최고의 합격 시스템

직영학원
- 직영학원 수 1위
- 표준화된 커리큘럼과 호텔급 시설 자랑하는 전국 20개 학원

종합출판
- 온라인서점 베스트셀러 1위!
- 출제위원급 전문 교수진이 직접 집필한 합격 교재

어학 교육
- 토익 베스트셀러 1위
- 토익 동영상 강의 무료 제공

콘텐츠 제휴 · B2B 교육
- 고객 맞춤형 위탁 교육 서비스 제공
- 기업, 기관, 대학 등 각 단체에 최적화된 고객 맞춤형 교육 및 제휴 서비스

부동산 아카데미
- 부동산 실무 교육 1위!
- 상위 1% 고소득 창업/취업 비법
- 부동산 실전 재테크 성공 비법

학점은행제
- 99%의 과목이수율
- 16년 연속 교육부 평가 인정 기관 선정

대학 편입
- 편입 교육 1위!
- 최대 200% 환급 상품 서비스

국비무료 교육
- '5년우수훈련기관' 선정
- K-디지털, 산대특 등 특화 훈련과정
- 원격국비교육원 오픈

에듀윌 교육서비스 **공무원 교육** 9급공무원/소방공무원/계리직공무원 **자격증 교육** 공인중개사/주택관리사/감정평가사/노무사/전기기사/경비지도사/검정고시/소방설비기사/소방시설관리사/사회복지사1급/건축기사/토목기사/직업상담사/전기기능사/산업안전기사/위험물산업기사/위험물기능사/유통관리사/물류관리사/행정사/한국사능력검정/한경TESAT/매경TEST/KBS한국어능력시험/실용글쓰기/IT자격증/국제무역사/무역영어 **어학 교육** 토익 교재/토익 동영상 강의 **세무/회계** 전산세무회계/ERP정보관리사/재경관리사 **대학 편입** 편입 교재/편입 영어·수학/경찰대/의치대/편입 컨설팅·면접 **직영학원** 공무원학원/소방학원/공인중개사 학원/주택관리사 학원/전기기사 학원/편입학원 **종합출판** 공무원·자격증 수험교재 및 단행본 **학점은행제** 교육부 평가인정기관 원격평생교육원(사회복지사2급/경영학/CPA) **콘텐츠 제휴·B2B 교육** 교육 콘텐츠 제휴/기업 맞춤 자격증 교육/대학 취업역량 강화 교육 **부동산 아카데미** 부동산 창업CEO/부동산 경매 마스터/부동산 컨설팅 **국비무료 교육(국비교육원)** 전기기능사/전기(산업)기사/소방설비(산업)기사/IT(빅데이터/자바프로그램/파이썬)/게임그래픽/3D프린터/실내건축디자인/웹퍼블리셔/그래픽디자인/영상편집(유튜브) 디자인/온라인 쇼핑몰광고 및 제작(쿠팡, 스마트스토어)/전산세무회계/컴퓨터활용능력/ITQ/GTQ/직업상담사

교육문의 **1600-6700** www.eduwill.net

• 2022 소비자가 선택한 최고의 브랜드 공무원·자격증 교육 1위 (조선일보) • 2023 대한민국 브랜드만족도 공무원·자격증·취업·학원·편입·부동산 실무 교육 1위 (한경비즈니스) • 2017/2022 에듀윌 공무원 과정 최종 환급자 수 기준 • 2023년 성인 자격증, 공무원 직영학원 기준 • YES24 공인중개사 부문, 2025 에듀윌 공인중개사 이영방 합격서 부동산학개론 (2024년 11월 월별 베스트) 그 외 다수 • 교보문고 취업/수험서 부문, 2020 에듀윌 농협은행 6급 NCS 직무능력평가+실전모의고사 4회 (2020년 1월 27일~2월 5일, 인터넷 주간 베스트) 그 외 다수 • Yes24 컴퓨터활용능력 부문, 2024 컴퓨터활용능력 1급 필기 초단기끝장(2023년 10월 3~4주 주별 베스트) 그 외 다수 • 인터파크 자격서/수험서 부문, 에듀윌 한국사능력검정시험 2주끝장 심화 (1, 2, 3급) (2020년 6~8월 월간 베스트) 그 외 다수 • YES24 국어 외국어사전 영어 토익/TOEIC 기출문제/모의고사 분야 베스트셀러 1위 (에듀윌 토익 READING RC 4주끝장 리딩 종합서, 2022년 9월 4주 주별 베스트) • 에듀윌 토익 교재 입문~실전 인강 무료 제공 (2022년 최신 강좌 기준/109강) • 2023년 종강반 중 모든 평가항목 정상 참여자 기준, 99% (평생교육원 사회교육원 기준) • 2008년~2023년까지 약 220만 누적수강학점으로 과목 운영 (평생교육원 기준) • 에듀윌 국비교육원 구로센터 고용노동부 지정 '5년우수훈련기관' 선정 (2023~2027) • KRI 한국기록원 2016, 2017, 2019년 공인중개사 최다 합격자 배출 공식 인증 (2024년 현재까지 업계 최고 기록)